Bucătăria Cuptorului Leneș
Delicii Gata în Vremea Lui Dumnezeu

Elena Popescu

Rezumat

Pui cu lămâie la fierbere lentă 24

INGREDIENTE 24

PREGĂTIREA 24

Piept de pui umplut la fiert lent 25

INGREDIENTE 25

PREGĂTIREA 25

Pui la gătirea lentă de la Dijon 27

INGREDIENTE 27

PREGĂTIREA 27

Pui spaniol cu masline si rosii 28

INGREDIENTE 28

PREGĂTIREA 28

Pui picant Crockpot cu sos de gem Chipotle 29

INGREDIENTE 29

PREGĂTIREA 29

Rețetă de caserolă de pui elvețian, oală de covoare 31

INGREDIENTE 31

PREGĂTIREA 31

Pui cu muștar cu miere al lui Tami 32

INGREDIENTE 32

PREGĂTIREA 32

Pui cu ardei tami cu lămâie, aragaz lent 33

INGREDIENTE 33

PREGĂTIREA 33

Tawny's Crock "Pop" Chicken 34

INGREDIENTE 34

PREGĂTIREA 34

Chilli Alb Cu Pui 35

INGREDIENTE 35

PREGĂTIREA 35

Will's Chicken Chili pentru aragazul lent 37

INGREDIENTE 37

• garnituri optionale 37

PREGĂTIREA 38

ardei de curcan taiat cubulete 39

INGREDIENTE 39

PREGĂTIREA 40

Piept de curcan cu mere si merisor 41

INGREDIENTE 41

PREGĂTIREA 41

Piept de curcan cu sos de afine de portocale 43

INGREDIENTE 43

PREGĂTIREA 43

Curcani afine într-o oală 45

INGREDIENTE 45

PREGĂTIREA 45

Crockpot Curcan Cu Smântână 46

INGREDIENTE 46

PREGĂTIREA 47

Sandvișuri cu curcan 48

INGREDIENTE 48

PREGĂTIREA 48

Crockpot Curcan Cu Usturoi 49

INGREDIENTE 49

PREGĂTIREA 49

Sos de paste cu curcan măcinat 50

INGREDIENTE 50

PREGĂTIREA 51

Sloppy Joes de curcan măcinat 52

INGREDIENTE 52

PREGĂTIREA 53

Cassoulet ușor de fiert lent 54

INGREDIENTE 54

PREGĂTIREA 54

Pulpe de curcan la gratar de pe insula 56

INGREDIENTE 56

PREGĂTIREA 57

Piept de curcan cu ierburi si lamaie 58

INGREDIENTE 58

PREGĂTIREA 58

Curcan cu gătit lent și orez sălbatic 59

INGREDIENTE 59

PREGĂTIREA 60

Curcan și legume la fiert lent 61

INGREDIENTE 61

PREGĂTIREA 62

Piept de curcan cu sos de portocale si merisoare 63

INGREDIENTE 63

PREGĂTIREA 63

Curcan Cu Cartofi Dulci 64

INGREDIENTE 64

PREGĂTIREA 64

Crock Pot de curcan și orez 66

INGREDIENTE 66

PREGĂTIREA 66

Piept de curcan Easy Slow Cooker 67

INGREDIENTE 67

PREGĂTIREA 67

Tort Tamale cu Curcan Macinat 68

INGREDIENTE 68

PREGĂTIREA 68

BBQ Turcia 69

INGREDIENTE 69

PREGĂTIREA 69

Crockpot Turcia și Quesadillas 70

INGREDIENTE 70

PREGĂTIREA 71

Piept de curcan cu dulceata 72

INGREDIENTE 72

PREGĂTIREA 72

Caserolă de curcan și broccoli cu gătirea lentă 73

INGREDIENTE 73

PREGĂTIREA 74

Plăcintă cu curcan cu gătit lent 75

INGREDIENTE 75

PREGĂTIREA 76

Curcan în sos 77

INGREDIENTE 77

PREGĂTIREA 77

Turcia Madeira 78

INGREDIENTE 78

PREGĂTIREA 78

Pulpe de curcan de fermă 79

INGREDIENTE 79

PREGĂTIREA 80

Crockpot de curcan și orez caserolă 81

INGREDIENTE 81

PREGĂTIREA 81

Tocană de curcan cu ciuperci și smântână 82

INGREDIENTE 82

PREGĂTIREA 82

Easy Crockpot Turkey Tetrazzini 84

INGREDIENTE 84

PREGĂTIREA 85

Sos de spaghete Vickie cu cârnați de curcan 86

INGREDIENTE 86

PREGĂTIREA 87

Piept de curcan fiert cu vin 88

INGREDIENTE 88

PREGĂTIREA 89

Betty Apple 90

INGREDIENTE 90

PREGĂTIREA 90

Unt de mere 91

INGREDIENTE 91

PREGĂTIREA 91

xApple-Cocos Crisp 92

INGREDIENTE 92

PREGĂTIREA 92

Crocantă cu mere și afine 94

INGREDIENTE 94

PREGĂTIREA 94

Compot de mere si afine 95

INGREDIENTE 95

PREGĂTIREA 95

Budincă de mere și curmale 96

INGREDIENTE 96

PREGĂTIREA 97

Cheesecake cu mere și nuci 98

INGREDIENTE 98

• Umplere: 98

• Garnitură: 98

PREGĂTIREA 99

Placintă cu mere cu cafea 100

INGREDIENTE 100

PREGĂTIREA 100

Plăcintă cu budincă de mere 102

INGREDIENTE 102

PREGĂTIREA 103

Pâine de caise cu nuci 104

INGREDIENTE 104

PREGĂTIREA 105

Mere fierte 106

INGREDIENTE 106

PREGĂTIREA 106

Mere coapte II 107

INGREDIENTE 107

PREGĂTIREA 107

Crema la cuptor 108

INGREDIENTE 108

PREGĂTIREA 108

Pâine cu banane 109

INGREDIENTE 109

PREGĂTIREA 110

Pâine cu banane și nuci 111

INGREDIENTE 111

PREGĂTIREA 111

Banane confiate 112

INGREDIENTE 112

PREGĂTIREA 112

Merele Carmel 113

INGREDIENTE 113

PREGĂTIREA 113

Fondue de rom caramel 115

INGREDIENTE 115

PREGĂTIREA 115

Cireșe crocante 116

INGREDIENTE 116

PREGĂTIREA 116

Buchete De Ciocolata 117

INGREDIENTE 117

PREGĂTIREA 117

Crockpot cu fructe de mare 118

INGREDIENTE 118

PREGĂTIREA 119

Flan De Somon Si Cartofi 120

INGREDIENTE 120

PREGĂTIREA 120

Creveți creoli 120

INGREDIENTE 120

PREGĂTIREA 121

Creveți dulci și acrișori 123

INGREDIENTE 123

PREGĂTIREA 123

Caserolă Tagliatelle cu ton 125

INGREDIENTE 125

PREGĂTIREA 125

Caserolă cu tăiței cu ton #2 126

INGREDIENTE 126

PREGĂTIREA 126

Salată de caserolă cu ton 127

INGREDIENTE 127

PREGĂTIREA 127

Fasole Albă Și Roșii Cu Ton 128

INGREDIENTE 128

PREGĂTIREA 128

Cioppino Crockpot al lui Will 129

INGREDIENTE 129

PREGĂTIREA 130

Cotlet de mere și caise 131

INGREDIENTE 131

PREGĂTIREA 132

Muschiu de porc cu mere 133

INGREDIENTE 133

PREGĂTIREA 133

Cârnați De Mere Cu Ceapă și Sos De Muștar 134

INGREDIENTE 134

PREGĂTIREA 134

Mătușa Bar-BQ 135

INGREDIENTE 135

PREGĂTIREA 135

Friptură de porc de toamnă 136

INGREDIENTE 136

PREGĂTIREA 136

Fasole Lima Cu HamBar-BQ Porc 137

INGREDIENTE 137

PREGĂTIREA 138

Carne de porc la gratar 139

INGREDIENTE 139

PREGĂTIREA 139

Friptură de porc la grătar 140

INGREDIENTE 140

PREGĂTIREA 140

Coaste la grătar în stil rustic 141

INGREDIENTE 141

PREGĂTIREA 141

Boston Butt BBQ 142

INGREDIENTE 142

PREGĂTIREA 142

Fasole și Hot Dogs 143

INGREDIENTE 143

PREGĂTIREA 143

Bigos 144

INGREDIENTE 144

PREGĂTIREA 144

Cotlete de porc cu mierlă 145

INGREDIENTE 145

PREGĂTIREA 145

Crockpot Black Eyed Peas și șuncă 146

INGREDIENTE 146

PREGĂTIREA 146

Cotlete de porc la fiert 147

INGREDIENTE 147

PREGĂTIREA 147

Mușchiu de porc înăbușit 148

INGREDIENTE 148

PREGĂTIREA 149

Mușchiu de porc cu zahăr brun 150

INGREDIENTE 150

PREGĂTIREA 151

Cotlet de fluture și cartofi 152

INGREDIENTE 152

PREGĂTIREA 152

Varză și Bratwurst 153

INGREDIENTE 153

PREGĂTIREA 153

Cassoulet cu carne de porc si fasole 154

INGREDIENTE 154

PREGĂTIREA 155

Coaste in stil Catalina 156

INGREDIENTE 156

PREGĂTIREA 156

Chalupas 157

INGREDIENTE 157

PREGĂTIREA 158

Cotlete de porc cu cireșe într-o caserolă 159

INGREDIENTE 159

PREGĂTIREA 159

Friptură de porc glazurată cu cireșe 160

INGREDIENTE 160

PREGĂTIREA 160

Cotlet de pui prăjit 162

INGREDIENTE 162

PREGĂTIREA 163

Pui, cârnați și chili de fasole albă 164

INGREDIENTE 164

PREGĂTIREA 165

Chilli Hotdogs 166

INGREDIENTE 166

PREGĂTIREA 166

Coaste de țară în stil chinezesc 167

INGREDIENTE 167

PREGĂTIREA 167

Cina chinezeasca intr-o oala de vasa 168

INGREDIENTE 168

PREGĂTIREA 168

Friptură de porc chinezească 169

INGREDIENTE 169

PREGĂTIREA 170

Chopping John 171

INGREDIENTE 171

PREGĂTIREA 171

Chutneys de muschi de porc 172

INGREDIENTE 172

PREGĂTIREA 172

Friptură de porc în cidru 174

INGREDIENTE 174

PREGĂTIREA 174

Şuncă dulce de cidru 176

INGREDIENTE 176

PREGĂTIREA 176

Mac 'n Cheese confetti cu şuncă 177

INGREDIENTE 177

PREGĂTIREA 178

Crockpot de porumb şi şuncă 179

INGREDIENTE 179

PREGĂTIREA 180

Scoici de porumb, şuncă şi cartofi 181

INGREDIENTE 181

PREGĂTIREA 182

Cotlete de porc umplute cu porumb 183

INGREDIENTE 183

PREGĂTIREA 184

Carne de porc de tara cu ciuperci 185

INGREDIENTE 185

PREGĂTIREA 186

Coaste în stil țărănesc și varză murată 187

INGREDIENTE 187

PREGĂTIREA 187

Carne de porc de tara cu ciuperci 188

INGREDIENTE 188

PREGĂTIREA 188

Coaste de porc cu mere și merisoare 189

INGREDIENTE 189

PREGĂTIREA 189

Friptură de porc Cran-Mere 191

INGREDIENTE 191

PREGĂTIREA 191

Friptură de porc afine 192

INGREDIENTE 192

PREGĂTIREA 193

Sunca cremoasa si broccoli 194

INGREDIENTE 194

PREGĂTIREA 195

Cremoasă de porc 196

INGREDIENTE 196

PREGĂTIREA 197

Muschiu cremos de porc cu legume 198

INGREDIENTE 198

PREGĂTIREA 199

Cruste cremoase cu sunca afumata si branza 200

INGREDIENTE 200

PREGĂTIREA 200

Pui Creole Cu Cârnați 201

INGREDIENTE 201

PREGĂTIREA 201

Şuncă de ceramică 203

INGREDIENTE 203

PREGĂTIREA 203

Carnitas într-o oală de vase 204

INGREDIENTE 204

PREGĂTIREA 204

Coaste scurte sau coaste crock 205

INGREDIENTE 205

PREGĂTIREA 206

Crockpot Cola Ham 207

INGREDIENTE 207

PREGĂTIREA 207

Cotlete de porc glorificate într-o oală 208

INGREDIENTE 208

PREGĂTIREA 208

Şuncă prăjită 209

INGREDIENTE 209

PREGĂTIREA 209

Sunca Crockpot Și Cartofi 210

INGREDIENTE 210

PREGĂTIREA 210

sunca tetrazzini crockpot 211

INGREDIENTE 211

PREGĂTIREA 212

Pui cu miere si ghimbir 213

INGREDIENTE 213

PREGĂTIREA 214

Pui la gratar cu miere si cartofi dulci 215

INGREDIENTE 215

PREGĂTIREA 216

Pui Hoisin cu miere 217

INGREDIENTE 217

PREGĂTIREA 218

Pui italian... 219

INGREDIENTE 219

PREGĂTIREA 220

Pui cu lămâie la fierbere lentă

INGREDIENTE

- 1 friteuza de carne, tocata, sau aproximativ 3 1/2 kilograme de bucati de pui
- 1 linguriță de frunze de oregano uscate zdrobite
- 2 catei de usturoi, tocati
- 2 linguri de unt
- 1/4 cană vin uscat, sherry, bulion de pui sau apă
- 3 linguri de suc de lamaie
- Sare si piper

PREGĂTIREA

1. Se condimentează bucățile de pui cu sare și piper. Presărați jumătate din usturoi și oregano peste pui.
2. Topiți untul într-o tigaie la foc mediu și rumeniți puiul pe toate părțile.
3. Transferați puiul în crockpot. Se presară cu oregano și usturoi rămase. Adăugați vin sau sherry în tigaie și amestecați pentru a înmuia bucățile maro; se toarnă în aragazul lent.
4. Acoperiți și gătiți la LOW (200°) timp de 7-8 ore. Adăugați sucul de lămâie în ultima oră.
5. Scoateți grăsimea din suc și turnați într-un bol de servire; îngroșați sucul, dacă doriți.
6. Serviți puiul cu sucuri.
7. Porti 4.

Piept de pui umplut la fiert lent

INGREDIENTE

- 6 piept de pui dezosat, fără piele
- 6 felii subtiri de sunca
- 6 felii subțiri de brânză elvețiană
- 1/2 cană făină universală, acoperită cu 1/2 linguriță
- sare si un praf de piper
- 8 uncii de ciuperci proaspete tocate
- 1/2 cană supă de pui
- 1/2 cană vin alb sec sau Marsala
- 1/4 lingurita rozmarin macinat
- 1/4 cană parmezan ras
- 2 lingurițe de amidon de porumb
- 1 lingura de apa rece
- Sare si piper dupa gust

PREGĂTIREA

1. Așezați bucățile de pui între 2 bucăți de hârtie ceară sau folie de plastic și bateți ușor până se aplatizează uniform. Pe fiecare piept de pui se aseaza 1 felie de sunca si 1 felie de branza; se ruleaza si se lipesc cu scobitorile apoi se paseaza faina asezonata. Puneți ciupercile în oală și puneți împachetările de pui deasupra ciupercilor. Într-un castron separat, combinați supa de pui, vinul și rozmarinul; se toarnă peste pui.

2. Se presara cu parmezan. Acoperiți și gătiți la LOW timp de 6 ore. Chiar înainte de servire, combinați amidonul de porumb și apa. Scoateți puiul; se adauga amestecul de amidon de porumb si se amesteca pana se ingroasa. Se adauga sare si hartie dupa gust. Se toarnă sosul peste pui și se servește.
3. **Porți 6.**

Pui la gătirea lentă de la Dijon

INGREDIENTE

-
- 1 până la 2 kilograme de piept de pui
- 1 cutie de supă cremă condensată de pui, nediluată (10 1/2 uncii)
- 2 linguri muștar de Dijon simplu sau granulat
- 1 lingura amidon de porumb
- 1/2 cană de apă
- piper după gust
- 1 lingurita de fulgi de patrunjel uscat sau 1 lingura de patrunjel proaspat tocat

PREGĂTIREA

1. Se spala puiul si se usuca; puneți într-un aragaz lent. Combinați supa cu muștarul și porumbul; adăugați apă și amestecați. Se amestecă pătrunjelul și piperul. Se toarnă amestecul peste pui. Acoperiți și gătiți la LOW timp de 6-7 ore. Serviți cu orez fierbinte și o garnitură de legume.
2. Rețeta de pui Dijon servește 4 până la 6.

Pui spaniol cu masline si rosii

INGREDIENTE

- 6 piept de pui dezosat, fără piele
- sare si piper dupa gust
- măsline coapte tocate, 4 oz
- 1 conserve (4 oz) de ciuperci feliate, scurse
- 1 conserve (14,5 oz) de roșii înăbușite
- Lichid de acoperit
- (bere, supă de roșii sau sos de roșii cu o cantitate egală de apă sau bulion)

PREGĂTIREA

1. Tăiați pieptul de pui în bucăți mici; sezon. Combinați cu celelalte ingrediente într-un aragaz lent. Acoperiți și gătiți la LOW timp de 5-7 ore. Serviți cu orez fierbinte.
2. 4 până la 6 porții.

Pui picant Crockpot cu sos de gem Chipotle

INGREDIENTE

- 1 ardei chipotle in sos adobo, tocat marunt, cu aproximativ o lingurita de sos
- 1/3 cană marmeladă de portocale dulci
- 1 lingurita pudra de chili
- 1/4 lingurita praf de usturoi
- 1 lingura otet balsamic
- 1 lingura de miere
- 1/2 cană supă de pui
- 1 lingura de ulei vegetal
- Piper negru proaspăt măcinat
- Putina sare
- 4 piept de pui dezosat, fără piele
- 1 lingura amidon de porumb
- 2 linguri de apă rece

PREGĂTIREA

1. Combinați chipotle cu sosul de adobo, dulceața, pudra de chili, pudra de usturoi, oțetul, mierea, supa de pui și uleiul.
2. Stropiți pieptul de pui cu sare și piper. Pune-le in slow cooker; se toarnă peste amestecul de gem.
3. Acoperiți și gătiți la LOW timp de 5-7 ore sau până când puiul este gătit.
4. Pune puiul pe farfurie; acopera si tine la cald.

5. Se toarnă lichidele într-o cratiță și se aduce la fierbere la foc mare.
6. Reduceți căldura la mediu și fierbeți până scade ușor, aproximativ 5 minute.
7. Combina amidonul de porumb cu apa rece pana se omogenizeaza; amestecați sosul și continuați să gătiți, amestecând, cu aproximativ un minut mai mult sau până se îngroașă.
8. Serviți puiul cu sosul îngroșat.
9. Porti 4.
10. Rețeta poate fi dublată și gătită pentru aceeași perioadă de timp.

Rețetă de caserolă de pui elvețian, oală de covoare

INGREDIENTE

- 6 piept de pui dezosat, fără piele
- 6 felii de brânză elvețiană
- 1 cutie de smântână condensată (10 3/4 uncii) de ciuperci, nediluată
- 2 căni de amestec de umplutură asezonat cu ierburi aromatice
- 1/2 cană unt sau margarină, topit

PREGĂTIREA

1. Ungeți părțile laterale și inferioare ale vasului de gătit lent sau pulverizați cu spray de gătit antiadeziv.
2. Aranjați piepții de pui în fundul oalei. Acoperiți cu brânză elvețiană și apoi turnați crema de ciuperci peste brânză.
3. Se presara pesmeturile de umplutura peste stratul de supa si apoi se toarna deasupra untul topit.
4. Gatiti la LOW timp de 5-7 ore sau la maxim 3-3 1/2 ore.

Pui cu muştar cu miere al lui Tami

INGREDIENTE

• 4 până la 6 piept de pui dezosaţi şi fără piele (sau folosiţi alte bucăţi de pui)

• 3/4 cană de muştar Dijon sau folosiţi un muştar gourmet preferat

• 1/4 cană miere

PREGĂTIREA

1. Pune puiul în oală. Se amestecă muştarul şi mierea şi se toarnă peste pui. Gatiti la maxim 3 ore sau la mic timp de 6 pana la 8 ore. Reglaţi timpul pentru puiul pe os.

Pui cu ardei tami cu lămâie, aragaz lent

INGREDIENTE

- 4 până la 6 piept de pui dezosați, fără piele sau alte părți de pui
- dressing de lamaie si piper
- 2 linguri de unt topit sau margarina

PREGĂTIREA

1. Pune puiul într-un aragaz lent. Stropiți generos cu dressingul de lămâie și ardei. Asezonați puiul cu unt sau margarină. Gatiti la LOW timp de 6-8 ore sau pana cand puiul este fraged.

Tawny's Crock "Pop" Chicken

INGREDIENTE

- Bucăți de pui, piept etc. 1 1/2 până la 2 1/2 lbs.
- Sticlă mică de ketchup (cană)
- 1 ceapa medie, tocata
- 1 cutie de cola de la marca ta preferată sau Dr. Pepper®

PREGĂTIREA

1. Combinați toate ingredientele într-un cuptor lent; se acopera si se fierbe la foc mic timp de 6-8 ore.
2. Serviți peste orez, tăiței sau cartofi.
3. 4 până la 6 porții.

Chilli Alb Cu Pui

INGREDIENTE

- 1 cutie de spray cu ulei de gătit
- 1 lingura ulei de masline
- 1 kg piept de pui dezosat; pielea îndepărtată, tăiată în bucăți de 1/2 inch
- 1/4 cană ceapă tocată
- 3 catei de usturoi, tocati
- 1 conserve de tomate (aproximativ 16 uncii), scursă și tăiată în bucăți
- 1 conserva de roșii Ro-tel, roșii tăiate cubulețe cu ardei iute verzi
- 1 conserve de bulion de pui (1 1/2 cani)
- 1 conserve (4 oz) de ardei iute verde tocat, nescurcat
- 1/2 lingurita fulgi de oregano uscat
- 1/2 lingurita de seminte de coriandru, tocate
- 1/4 lingurita de chimen macinat
- 2 conserve de fasole verde nordica, scursa
- 3 linguri de suc de lamaie
- 1/4 lingurita piper negru
- 1/2 cană brânză Cheddar mărunțită

PREGĂTIREA

1. Pulverizați o tigaie mare cu spray de gătit, adăugați ulei de măsline și încălziți la foc mediu-mare până se încinge.

Adăugați puiul tăiat cubulețe și căleți timp de 3 minute sau până când este fiert. Scoateți puiul din tigaie. Puneți toate ingredientele, cu excepția brânzei, într-o oală și gătiți timp de 8 ore. Acoperiți fiecare porție cu niște brânză rasă. Serveşte puiul cu ardei iute alb cu chipsuri tortilla, salsa, smântână și toppingurile la alegere. Porți 6.

Will's Chicken Chili pentru aragazul lent

INGREDIENTE

- Piept de pui măcinat sau fraged
- 2 conserve (aproximativ 14,5 uncii fiecare) de bulion de pui
- 2 conserve (8 oz fiecare) cutii de sos de rosii
- 1 ceapă, tocată
- 1 cană de porumb congelat
- 1 morcov, tocat
- 1 baton de telina, tocata
- 1 conserve (14,5 oz) de roşii tăiate cubulețe
- 1 conserve de 15 uncii de fasole roşie, plus lichid
- 1 borcan (4 oz) ardei gras tocat, scurs
- 1 ardei jalapeño, tocat
- 2 lingurițe de pudră de chili (sau mai mult după gust)
- 1 lingurita chimen
- 1 cățel de usturoi, tocat (poate înlocui praful de usturoi)
- 1/2 lingurita de sare
- un praf de busuioc
- un praf de piper cayenne (sau mai mult dupa gust)
- un praf de oregano
-

garnituri optionale

- smântână

- pătrunjel tocat
- brânză rasă (mix mexican, cheddar jack, cheddar, pepper jack etc.)
- roșii feliate
- ceapa verde feliata subtire

PREGĂTIREA

1. Combinați toate ingredientele, cu excepția toppingurilor opționale, într-un aragaz lent. Acoperiți și gătiți la foc mare timp de 2 ore, apoi la mic timp de încă 6 ore.
2. Sau chiliul poate fi gătit la foc mic timp de 8-10 ore.
3. Serviți în boluri cu garniturile la alegere.

ardei de curcan taiat cubulete

INGREDIENTE

- 1 kg de curcan măcinat sau carne de vită
- 1/2 cană ceapă tocată grosier
- 2 conserve (14,5 uncii fiecare) de roșii tăiate cubulețe cu suc
- 1 conserve (16 oz) de fasole pinto, scursă, clătită
- 1/2 cană de salsa gros, preferata ta
- 2 lingurițe de piper pudră
- 1 1/2 lingurita de chimen macinat
- Sare si piper dupa gust
- 1/2 cană Cheddar mărunțit sau amestec de brânză mexicană
- 1 sau 2 linguri de masline negre tocate

PREGĂTIREA

1. Într-o tigaie mare, la foc mediu, căliți curcanul și ceapa măcinate. Scurgeți excesul de grăsime.
2. Transferați amestecul maro în oala cu roșii, fasole, salsa, praf de chili și chimen. Amestecați ușor pentru a amesteca ingredientele.
3. Acoperiți și gătiți la viteză mică timp de 5-6 ore. Gustați și asezonați cu sare și piper.
4. Serviți cu o praf de smântână și niște brânză rasă și felii de măsline negre.
5.
   Porti 4.

Piept de curcan cu mere si merisor

INGREDIENTE

- 2 linguri de unt
- 1 baton mare de telina, tocat
- 2 linguri de ceapa sau ceapa tocata marunt, optional
- 1 măr, decojit, fără miez şi tăiat cubulețe
- 2 căni de firimituri de umplutură cu aromă de ierburi
- 1/2 cană supă de pui
- 1 conserve (14 oz) sos de afine întreg, împărțit
- 1 lingurita condiment de pasare
- cotlet de piept de curcan, aproximativ 1 1/2 până la 2 lbs
- sare cușer și piper negru proaspăt măcinat

PREGĂTIREA

1. Într-o tigaie mare sau tigaie la foc mediu, topeşte untul. Adăugaţi țelina, ceapa, dacă folosiţi, şi mărul tăiat cubulețe. Gatiti, amestecand, aproximativ 5 minute.
2. Într-un castron mare, combinați firimiturile de umplutură cu amestecul de legume sotate, bulionul de pui, 1 cană de sos de merişoare şi condimentele de pasăre. Se amestecă bine pentru a se amesteca.
3. Turnați câteva linguri de amestec de umplutură peste o cotlet de piept de curcan. Începând de la capătul lung, rulați şi ataşaţi dinţii.

4. Aranjați rulourile în aragazul lent.
5. Alternativ, puteți rula ușor curcanul fără umplutură și turnați amestecul de umplutură în jurul ruladelor.
6. Întindeți umplutura suplimentară în jurul împachetărilor de curcan. Stropiți cu sare cușer și piper negru proaspăt măcinat.
7. Acoperiți și gătiți la LOW timp de 5 ore sau la HIGH pentru aproximativ 2 1/2 ore.

Piept de curcan cu sos de afine de portocale

INGREDIENTE

- 1/4 cană zahăr granulat
- 2 linguri amidon de porumb
- 3/4 cană marmeladă
- 1 cană de merisoare proaspete, măcinate sau tocate mărunt
- Piept mic de curcan dezosat, aproximativ 3-4 lbs
- Sare si piper dupa gust

PREGĂTIREA

1. Într-o cratiță mică, combinați zahărul și amidonul de porumb; se amestecă dulceața și merisoarele. Gatiti la foc

mediu, amestecand, pana cand amestecul devine spumos si usor ingrosat.
2. Pune pieptul de curcan în aragazul lent. Se presară totul cu sare și piper.
3. Se toarnă sosul peste curcan.
4. Acoperiți și gătiți la foc mare timp de 1 oră. Reduceți căldura la mic și gătiți încă 6 până la 8 ore.
5. Introduceți un termometru cu citire instantanee în partea cea mai groasă a pieptului de curcan pentru a verifica dacă este gata.
6. Ar trebui să înregistreze cel puțin 165°F până la 170°F.
7. Se taie curcanul și se servește cu sos.
8. Pentru 6-8 portii.

Curcani afine într-o oală

INGREDIENTE

- 1 piept de curcan, decongelat la frigider
- 1 plic supă de ceapă Lipton (eu am folosit-o pe cea de legume)
- 1 cutie de sos de afine

PREGĂTIREA

1. Aşezaţi curcanul în fanta de recoltare. Amestecaţi sosul de afine şi supa şi turnaţi peste curcan.
2. Gatiti la maxim 2 ore, apoi la mic timp de 6-7 ore.
3. Pieptul de curcan ar trebui să înregistreze cel puţin 165 pe un termometru de gătit introdus în partea cea mai groasă a cărnii.

Crockpot Curcan Cu Smântână

INGREDIENTE

- Piept de curcan dezosat (aproximativ 3 1/2 livre)
- 1 lingurita de sare
- 1/4 lingurita piper
- 2 lingurițe mărar uscat, împărțit
- 1/4 cană de apă
- 1 lingura otet alb sau vin
- 3 linguri de faina
- 1 cană smântână

PREGĂTIREA

1. Se presară pe ambele părți ale pieptului de curcan sare, piper și o linguriță de mărar. Pune pieptul de curcan în oală. Adăugați apă și oțet. Acoperiți și gătiți la foc mic timp de 7-9 ore sau până când se înmoaie. Scoateți pieptul de curcan pe un platou; Păstrați cald. Transferați sucul în cratiță; se pune pe aragaz si se incinge la foc mediu-mare. Se fierbe, neacoperit, aproximativ 5 minute pentru a reduce lichidele. Se dizolva faina in putina apa rece si se adauga in lichid.
2. Adăugați restul de linguriță de mărar.
3. Gatiti pana se ingroasa, aproximativ 15 pana la 20 de minute. Se incorporeaza smantana si se stinge focul. Carnea se taie felii si se serveste cu sosul de smantana.
4. Porți 6.

Sandvișuri cu curcan

INGREDIENTE

-
- 6 c. curcan feliat
- 3 căni de brânză Velveeta (brânză americană), tăiată sau mărunțită
- 1 conserve (10 3/4 uncii) supă cremă de ciuperci
- 1 conserve (10 3/4 uncii) de supă cremă de pui
- 1 ceapă, tocată
- 1/2 sec. Biciul miraculos

PREGĂTIREA

1. Într-un aragaz lent, amestecați curcanul mărunțit, brânza, supa cremă de ciuperci, crema de pui, ceapa și Miracle Whip. Acoperiți și gătiți la foc mic timp de 3 până la 4 ore. Amestecați din când în când amestecul de curcan. Adăugați puțină apă dacă este necesar. Serviți cu chifle despicate.

Crockpot Curcan Cu Usturoi

INGREDIENTE

- 1 1/2 kilograme de pulpe de curcan dezosate și fără piele
- sare si piper sau piper lamaie dupa gust
- 1 lingura de ulei de masline
- 6 catei de usturoi, lasati intregi
- 1/2 cană vin alb sec
- 1/2 cană supă de pui
-
1 lingura patrunjel tocat

PREGĂTIREA

1. Asezonați curcanul cu sare și piper sau piper lămâie. Într-o tigaie mare, la foc mediu-mare, încălziți uleiul de măsline. Adăugați pulpele de curcan; rumeniți pentru aproximativ 10 minute.
2. Pune curcanul în aragazul lent; adăugați ingredientele rămase. Gatiti la foc mare timp de 3 pana la 4 ore sau pana cand pulpele de curcan sunt fierte. Scoateți cățeii de usturoi din oală. Se pasează ușor și se întoarce în aragazul lent, dacă se dorește. Serviți curcanul cu sucuri.
3. 4 până la 6 porții.

Sos de paste cu curcan măcinat

INGREDIENTE

- 3 linguri de ulei de măsline

- 1 kilogram de curcan măcinat

- 1 conserve (14,5 oz) de roșii înăbușite

- 1 (6 oz) pastă de tomate

- 1/2 linguriță. cimbru uscat

- 1 lingurita frunze de busuioc uscat

- 1/2 linguriță. Oregano

- 1/2 până la 1 linguriță de zahăr, opțional

- 1 lingurita sare, sau dupa gust

- 1/2 cană ceapă tocată

- 1 ardei gras, tocat

- 2 catei de usturoi macinati

- 1 frunză de dafin

- 1/4 cană apă

- 4 uncii ciuperci proaspete sau conservate feliate sau tăiate cubulețe scurse

PREGĂTIREA

1. Pune ulei în tigaie; curcan măcinat maro lent. În timp ce curcanul măcinat se gătește, puneți roșiile înăbușite, pasta de roșii, cimbru, busuioc, oregano, sare și zahăr în slow cooker. Se amestecă bine și se fierbe la foc mic. Când curcanul este maro, transferați-l într-un aragaz lent cu o lingură cu fantă. Într-o tigaie antiaderentă, căliți ceapa, ardeiul, usturoiul și foile de dafin până se înmoaie. Pentru gătirea lentă, adăugați 1/4 cană apă și ciupercile tocate.
2. Acoperiți și gătiți la foc mic timp de 4 până la 6 ore. Se diluează cu puțină apă dacă este necesar.
3. Servește pastele gătite preferate cu spaghete fierte.
4. Porți 6.

Sloppy Joes de curcan măcinat

INGREDIENTE

- 2 kilograme de curcan măcinat

- 1 cană ceapă tocată

- 2 conserve (15 oz fiecare) sos de rosii

- 1 conserve (6 oz) de pastă de tomate

- 1/2 cană zahăr brun (bine ambalat)
- 1/3 cană de vin roșu sau oțet de cidru
- 2 linguri sos Worcestershire
- 2 linguri de fum lichid
- 1/2 lingurita sare dupa gust
- 1/4 lingurita piper negru

PREGĂTIREA

1. Se caleste curcanul cu ceapa la foc mediu-mare timp de aproximativ 6 pana la 8 minute. Scurgere.
2. Transferați curcanul și ceapa în aragazul lent. Se amestecă ingredientele rămase.
3. Acoperiți și gătiți la foc mic timp de 6-7 ore. Serviți pe sandvișuri sau felii de pâine.
4. Se servește 8 până la 10.

Cassoulet ușor de fiert lent

INGREDIENTE

- 1 lingura ulei de masline extravirgin

- 1 ceapa mare, tocata marunt

- 4 pulpe de pui dezosate, fără piele, tocate grosier
- 1/4 de kilogram de cârnați afumati gătiți, cum ar fi kielbasa sau andouille mai fierbinți, feliați
- 3 catei de usturoi, tocati
- 1 lingurita frunze de cimbru uscat
- 1/2 lingurita piper negru
- 4 linguri pasta de rosii
- 2 linguri de apă
- 3 conserve (aproximativ 15 uncii fiecare) de fasole, clătite și scurse

- 3 linguri patrunjel proaspat tocat

PREGĂTIREA

1. Încinge uleiul de măsline într-o tigaie mare la foc mediu.

2. Adăugați ceapa în uleiul încins și gătiți, amestecând, până când ceapa este fragedă, aproximativ 4 minute.
3. Amestecați puiul, cârnații, usturoiul, cimbru și ardeiul. Coaceți timp de 5 până la 8 minute sau până când puiul și cârnații sunt rumeniți.
4. Se amestecă pasta de roșii și apa; transfera in slow cooker. Se amestecă fasolea mare în amestecul de pui; acoperiți și gătiți la LOW timp de 4-6 ore.
5. Inainte de servire se presara cassoulet cu patrunjel tocat.
6. Porți 6.

Pulpe de curcan la gratar de pe insula

INGREDIENTE

- 4 până la 6 pulpe de curcan

- Sare si piper

- 1/2 cană ketchup

- 5 linguri de otet de mere

- 1 lingură sos Worcestershire

- 4 linguri de zahăr brun închis

- 1 lingurita de fum lichid, optional

- 1 conserve (8 oz) de piure de ananas, bine scurs

- 1/2 cană ceapă tocată

PREGĂTIREA

1. Ungeți ușor oala de gătit a aragazului lent. Aranjați pulpele de curcan în aragazul lent și stropiți cu sare și piper. Combinați ingredientele rămase; se toarna peste pulpele de curcan si se intoarce pentru a imbraca bine pulpele. Acoperiți și gătiți la LOW timp de 7-9 ore.
2. 4 până la 6 porții.

Piept de curcan cu ierburi si lamaie

INGREDIENTE

- 1/4 cană zahăr granulat

- 2 linguri de amidon de porumb

- 3/4 cană marmeladă de portocale

- 1 cană de merisoare proaspete, măcinate sau tocate mărunt
- Piept mic de curcan dezosat, aproximativ 3-4 lbs
- Sare si piper dupa gust

PREGĂTIREA

1. Într-o cratiță mică, combinați zahărul și amidonul de porumb; se amestecă dulceața și merisoarele. Gatiti la foc mediu, amestecand, pana cand amestecul devine spumos si usor ingrosat.
2. Pune pieptul de curcan în aragazul lent. Se presară totul cu sare și piper.
3. Se toarnă sosul peste curcan.
4. Acoperiți și gătiți la foc mare timp de 1 oră. Reduceți căldura la mic și gătiți încă 6 până la 8 ore.
5. Introduceți un termometru cu citire instantanee în partea cea mai groasă a pieptului de curcan pentru a verifica dacă este gata.
6. Ar trebui să înregistreze cel puțin 165°F până la 170°F.
7. Se taie curcanul și se servește cu sos.
8. Pentru 6-8 portii.

Curcan cu gătit lent și orez sălbatic

INGREDIENTE

- 6 până la 8 felii de slănină, tocate, prăjite până devin crocante și scurse
- File de curcan de 1 kg, tăiat în bucăți de 1 inch
- 1/2 cană ceapă tocată
- 1/2 cană morcovi mărunțiți
- 1/2 cana telina tocata
- 2 conserve (14 1/2 oz. fiecare) de pui
- bulion, sau 3 1/4 căni pe bază de bulion sau granule
- 1 conserve (10 3/4 uncii). Supă cremă condensată de pui sau supă cremă condimentată de pui
- 1/4 lingurita. maghiran uscat
- 1/8 linguriță. Piper
- 1 1/4 căni de orez sălbatic nefiert, clătit

PREGĂTIREA

1. Într-o tigaie grea, gătiți baconul până devine crocant; se scoate cu o lingura cu fanta si se pune deoparte. Scurgeți, rumeniți bucățile de curcan, fierbeți aproximativ 3 până la 4 minute. Adăugați ceapa, morcovul și țelina; gatiti si amestecati 2 minute.
2. Amestecați jumătate din bulion și supa într-un aragaz lent. Combinați bulionul rămas, maghiranul și piperul. Amestecați amestecul de curcan, bacon și orez sălbatic.
3. Acoperiți și gătiți la putere maximă timp de 30 de minute.
4. Reduceți căldura la minim. Gatiti 6-7 ore pana cand orezul este fraged si lichidul este absorbit. Curcan și orez sălbatic pentru 6.

Curcan și legume la fiert lent

INGREDIENTE

- piept de curcan dezosat, aproximativ 1 1/2 până la 2 lbs
- 1 ceapă (tăiată în patru felii)
- 2 cartofi mici, feliați
- 2 napi mici, taiati cubulete, optional
- pui de morcovi
- 1 pachet de amestec uscat de sos de pui
- 3/4 cană vin alb sec
- 1/4 cană de apă

PREGĂTIREA

1. Se condimentează curcanul cu sare și piper și se rumenește pe toate părțile într-o tigaie stropită cu spray de gătit.
2. Adăugați ceapa și gătiți până se rumenește ușor.
3. Pulverizați aragazul lent cu spray de gătit și puneți morcovii în fund; continuați să stratificați cartofii, napii și ceapa.
4. Puneți curcanul deasupra legumelor.
5. Amestecați sosul cu vinul și apa; se incinge pe aragaz sau in cuptorul cu microunde apoi se toarna peste curcan si legume.
6. Acoperiți și gătiți la maxim 2 ore, apoi treceți la LOW și gătiți încă 3 până la 4 ore.
7. Porti 4.

Piept de curcan cu sos de portocale si merisoare

INGREDIENTE

- 2 kg de piept fraged de curcan
- 1/3 cană suc de portocale
- 3/4 cană sos de afine întreg
- 2 linguri de zahar brun
- 1 lingura de sos de soia
- 1/2 lingurita ienibahar
- 1 lingura de amidon de porumb dizolvat in 1 lingura de apa rece
- Sare si piper dupa gust

PREGĂTIREA

1. Combinați toate ingredientele; întoarce curcanul pentru a îmbrăca. Acoperiți și gătiți la foc mic timp de 7-9 ore sau la maxim 3 1/2-4 ore. Cu aproximativ 10 minute înainte de servire, adăugați amestecul de amidon de porumb/apă rece. Se condimentează cu sare și piper.
2. Porti 4.

Curcan Cu Cartofi Dulci

INGREDIENTE

- 3 cartofi dulci medii sau cartofi obișnuiți, decojiți și tăiați în cuburi de 2 inci
- 1 1/2 până la 2 kg pulpe de curcan, fără piele
- 1 borcan (12 uncii) de sos de curcan (sau folosiți 1 1/2 până la 2 căni)
- 2 linguri. Făină
- 1 lingură. patrunjel uscat
- 1/2 lingurita rozmarin uscat tocat
- 1/4 lingurita frunze de cimbru uscat
- 1/8 linguriță. Piper
- 1 1/2 până la 2 căni de fasole verde tocată congelată

PREGĂTIREA

1. Așezați cartofi dulci și curcan în aragazul lent.

2. Combinați sosul, făina, pătrunjelul, rozmarinul, cimbru și piperul; se amestecă până la omogenizare. Turnați amestecul de sos peste curcan și cartofi dulci.
3. Acoperiți și gătiți la putere maximă timp de o oră. Reduceți căldura la mic și gătiți încă 5 ore.
4. Adăugați fasole verde în aragazul lent; amestecă-l Acoperiți și gătiți timp de 1 până la 2 ore sau până când curcanul este fraged și sucul curge limpede.
5. Transferați curcanul și legumele pe o farfurie de servire cu o lingură cu fantă.
6. Se amestecă sosul și se servește cu curcanul și legumele.
7. Porți 6

Crock Pot de curcan și orez

INGREDIENTE

- 2 conserve (10 3/4 uncii fiecare) supă cremă de ciuperci sau cremă de țelină
- 2 1/2 căni de apă
- 2 1/2 căni de orez alb convertit nefiert
- 1 cana telina tocata
- 1/4 cana ceapa tocata marunt
- 2 căni de curcan fiartă tocat
- 2 căni de mazăre și morcovi congelați
- 1 lingurita amestec de condimente de pasare

PREGĂTIREA

1. Turnați supa și apa în aragazul lent și amestecați pentru a se amesteca bine. Adăugați celelalte ingrediente și amestecați. Gătiți 5 până la 7 ore la scăzut sau 2 1/2 până la 3 1/2 ore la mare. Verificați din când în când pentru a vă asigura că orezul nu se udă. Porți 8.

Piept de curcan Easy Slow Cooker

INGREDIENTE

- 1 piept de curcan, aproximativ 5 lbs

- 1/2 cană (4 oz) unt topit

- sare si piper

- 2 linguri de amidon de porumb amestecat cu 2 linguri de apa
- 1/2 până la 1 cană bulion de pui, dacă este necesar

PREGĂTIREA

1. Stropiți pieptul de curcan cu sare și piper și puneți-l într-un aragaz lent mare. Turnați untul topit peste curcan.
2. Acoperiți și gătiți la foc mare timp de 6 până la 7 ore sau până când curcanul este maro și sucul curge limpede când este străpuns cu un cuțit.
3. Turnați sucurile de la aragazul lent într-o cratiță. Aduceți la fiert, apoi adăugați amestecul de amidon de porumb și apă. Adăugați puțin bulion de pui, aproximativ 1/2 până la 1 cană, în funcție de cât lichid rămâne în oală.
4. Se amestecă la foc mediu-mic până se omogenizează și se îngroașă.

Tort Tamale cu Curcan Macinat

INGREDIENTE

- 1 kg curcan măcinat
- 3/4 cană porumb galben
- 1 1/2 cani de lapte
- 1 ou, batut
- 1 pachet (1 1/4 uncii) de condimente pentru chili
- 1 conserve (11 până la 16 uncii) de porumb întreg, scurs
- 1 conserve (14,5 până la 16 uncii) de roșii, tăiate cubulețe
- 1 cană brânză rasă

PREGĂTIREA

1. Se rumenește curcanul și se scurge bine. Într-un castron amestecați porumbul, laptele și ouăle. Adaugati carnea de vita scursa, amestecul de chili uscat, rosiile si porumbul. Amestecă. Se toarnă într-un cuptor lent de 3 1/2 litri sau mai mare. Acoperiți și gătiți 1 oră la maxim, apoi întoarceți la minim și gătiți 3 ore la mic. Se presară cu brânză. Gatiti inca 5-10 minute.
2. Porți 6.

BBQ Turcia

INGREDIENTE

- 2 până la 3 kilograme de cotlet sau cotlete de curcan
- 2 ardei verzi, sau un amestec de roșu, galben și verde, tăiați fâșii
- 1 lingurita sare de telina
- Un praf de piper
- 1 sau 2 linguri de ceapa tocata marunt sau 2 lingurite de ceapa uscata tocata
- 2 căni de sos grătar gros

PREGĂTIREA

1. Se presară cotleturile de curcan cu sare și piper. Coaceți la 350° timp de o oră acoperit. Descoperiți cea mai închisă culoare pe care o doriți. Între timp, combinați sosul de grătar și sarea de țelină într-un aragaz lent de 5 litri. Adăugați ardeiul verde și ceapa. Acoperiți și gătiți la foc mare în timp ce curcanul se gătește. Tăiați curcanul (în bucăți mici până la mijlocii, după gust) și adăugați-l în aragazul lent/oala. Acoperiți și gătiți la LOW timp de 4 ore sau HIGH pentru 2 ore.
2. Serviți cu sandvișuri proaspete.
3. Rețeta de curcan servește 4 până la 6.

Crockpot Turcia și Quesadillas

INGREDIENTE

- 1 piept de curcan, aproximativ 5 kg, cu os
- 3/4 cana patrunjel, impartit
- 1/2 cană ulei vegetal
- 2 linguri de sare
- 2 linguri de piper negru
- 1 cană de oțet de mere

PREGĂTIREA

1. Pune curcanul într-un aragaz mare lent. Se amestecă 1/2 cană pătrunjel tocat, ulei vegetal, sare, piper și oțet; se toarnă peste pieptul de curcan. Se presara peste patrunjelul ramas. Gatiti 4 pana la 4 1/2 ore la maxim sau 8 pana la 9 ore la mic. Scoateți din aragazul lent și lăsați să se odihnească 15 minute înainte de a tăia felii.
2. Porți 6.
3. Pentru a face Ouesadillas de curcan: Se încălzește 1 linguriță de ulei într-o tigaie la foc mediu. Puneți o tortilla de făină în tigaie și întindeți-o cu aproximativ 1/2 cană amestec de brânză în stil mexican și 1/4 până la 1/2 cană curcan mărunțit.
4. Acoperiți cu a doua tortilla. Se fierbe până când brânza începe să se topească. Se intoarce cu o spatula si se rumeneste pe cealalta parte. Tăiați quesadilla în sferturi și serviți cu salsa.
5. Porți 6

Piept de curcan cu dulceata

INGREDIENTE

- piept de curcan (de pus în oală)

-

1 borcan marmeladă de portocale sau marmeladă de portocale de ananas

-

maro

PREGĂTIREA

1. Pune un piept de curcan în slow cooker/crock, toarnă 1 borcan de marmeladă sau ananas/portocale peste piept și presară niște scorțișoară deasupra. Gatiti la foc mic timp de 6-8 ore sau la maxim aproximativ 4 ore.

Caserolă de curcan și broccoli cu gătirea lentă

INGREDIENTE

- 8 uncii de ciuperci
- 2 linguri de unt
- 1 conserve (10 3/4 uncii) de supă condensată de ciuperci aurii
- 5 linguri de maioneza, aproximativ 1/3 cana
- 3 linguri de lapte
- 1 lingura de mustar preparat
- 1/4 lingurita piper negru
- 4 căni de curcan fiartă tocat
- 16 uncii de broccoli tăiat congelat
- 1 cană brânză americană rasă
- 1/4 cană migdale prăjite, opțional

PREGĂTIREA

1. Pulverizați interiorul vasului cu spray de gătit sau ungeți ușor cu unt.
2. Într-o tigaie la foc mediu-mic, căliți ciupercile tocate în unt până când sunt gata. Într-o oală, combinați ciupercile, supa, maioneza, laptele, muștarul și piperul. Adăugați curcanul tăiat cubulețe și broccoli. Acoperiți și gătiți la foc mic timp de 5 ore. Se amestecă brânza; acoperiți și gătiți încă 30 de minute. Presărați cu migdale prăjite, dacă doriți, chiar înainte de servire.
3. Porți 6.

•Pentru a prăji nucile, întindeți într-un singur strat pe o tavă de copt. Se coace la cuptor la 350°, amestecand din cand in cand, timp de 10-15 minute. Sau, prăjiți într-o tigaie neunsă la foc mediu, amestecând, până când se rumenesc și sunt aromate.

Plăcintă cu curcan cu gătit lent

INGREDIENTE

- 3 căni de pui fiert mărunțit sau curcan
- 2 cutii (14 1/2 uncii fiecare) de bulion de pui
- 1/2 lingurita de sare
- 1/2 lingurita piper
- 1 baton de telina, feliat subtire
- 1/2 cană ceapă tocată
- 1 frunză mică de dafin
- 3 cani de cartofi taiati cubulete
- 1 pachet de legume mixte congelate (16 oz)
- 1 pahar de lapte
- 1 cană de făină
- 1 lingurita piper negru
- 1/2 lingurita amestec de condimente de pasare
- 1/2 lingurita de sare
- 1 coajă de plăcintă răcită de 9 inci

PREGĂTIREA

1. Combinați puiul, bulionul de pui, 1/2 linguriță de sare, 1/2 linguriță de piper, țelina, ceapa, foile de dafin, cartofii și verdeața amestecată într-un cuptor lent. Acoperiți și gătiți la foc mic timp de 7 până la 9 ore sau la maxim timp de 3 1/2 până la 4 1/2 ore. Scoateți frunza de dafin.
2. Preîncălziți cuptorul la 375°. Într-un castron mic, amestecați laptele și făina. Amestecați treptat amestecul de făină-lapte în aragazul lent. Amestecați piperul, condimentele de pasăre și sare. Scoateți căptușeala de pe baza cuptorului lent și puneți cu grijă coaja de plăcintă de 9 inci deasupra amestecului.
3. **Pune vasul în cuptorul preîncălzit și gătește (neacoperit) aproximativ 15-20 de minute, sau până se rumenește. Dacă căptușeala nu este detașabilă sau este prea mare pentru crustă, puneți amestecul într-un vas, acoperiți cu aluat și coaceți ca mai sus.**
4. Porți 8.

Curcan în sos

INGREDIENTE

- 1 până la 1 1/2 kilograme de piept de curcan (înjumătățit dacă este mare) sau cotlet de curcan feliat

- 1 pachet de sos de curcan amestecat (uscat)

- 1 conserve de supă de ciuperci (obișnuită sau fără grăsimi 98%)

- 1 lingura supa de ciuperci si ceapa (amestec uscat, aproximativ 1/2 pachet), sau folositi putin

- linguri de ceapa tocata si ciuperci uscate sau conservate

- Sare si piper dupa gust

PREGĂTIREA

1. Combinați toate ingredientele în Crock Pot; se acopera si se lasa sa fiarba la foc mic timp de 6 1/2 - 8 ore. Serviți cu orez sau cartofi.
2. Porti 4.

Turcia Madeira

INGREDIENTE

- 1 1/2 kilograme piept de curcan
- 2 uncii de ciuperci uscate
- 3/4 cană supă de pui
- 3 linguri de vin Madeira
- 1 lingura de suc de lamaie
- Sare si piper dupa gust

PREGĂTIREA

1. Acoperiți și gătiți la foc mic timp de 6-8 ore. Dacă doriți, îngroșați sucul cu amidon de porumb și serviți cu orez.
2. Porti 4.

Pulpe de curcan de fermă

INGREDIENTE

- 3 pulpe de curcan

- Sare si piper

- 1 plic de sos mixt de enchilada

- 1 conserve (6 oz.) pastă de tomate

- 1/2 cană apă

- 2 căni de brânză Monterey Jack rasă

- 1/2 cană smântână

- 1/4 cana ceapa verde tocata

- 1 conserve (4 uncii) de măsline coapte tocate

PREGĂTIREA

1. Tăiați fiecare pulpă de curcan în jumătate și îndepărtați osul. Presărați curcanul cu sare și piper și puneți-l într-un aragaz lent.
2. Combinați sosul enchilada, pasta de roșii și apa; se amestecă până se amestecă bine. Întindeți amestecul de sos peste pulpele de curcan.
3. Acoperiți și gătiți la LOW timp de 6-7 ore sau până când curcanul este fraged. Rotiți comanda în poziție HIGH; se amestecă brânza și se amestecă în continuare până se topește brânza.
4. Se transfera pe un platou si se orneaza cu smantana si ceapa verde tocata.
5. Se ornează cu măsline coapte feliate.
6. Serviți cu chipsuri tortilla și orez mexican ușor, dacă doriți.
7. 4 până la 6 porții.

Crockpot de curcan și orez caserolă

INGREDIENTE

- 2 cutii (10 3/4 uncii fiecare) de supă crema condensată de ciuperci
- 3 pahare cu apă
- 3 căni de orez alb cu bob lung transformat (crud)
- 1 cana telina tocata marunt
- 2-3 căni de curcan fiert tăiat cubulețe
- 2 cani de legume mixte congelate (mazare si morcovi, amestec oriental etc.)
- 1 lingurita condiment de pasare
- 1 lingura de ceapa uscata tocata

PREGĂTIREA

1. Combinați supa și apa în aragazul lent. Adăugați celelalte ingrediente și amestecați bine. Acoperiți și gătiți 6 până la 7 ore la foc mic sau 3 până la 3 1/2 ore la maxim, până când orezul este fraged, dar nu moale.
2. 4 până la 6 porții.

Tocană de curcan cu ciuperci și smântână

INGREDIENTE

1 kg de coaste de curcan sau cotlet, tăiate în fâșii de 3 X 1 inch

- 1 ceapă medie, tăiată în jumătate și feliată subțire
- 3 cepe verzi cu verdeata, tocate
- 8 uncii de ciuperci proaspete tocate
- 3 linguri de făină universală
- 1 cană de lapte sau jumătate și jumătate
- 1 lingurita frunze uscate de tarhon, zdrobite
- 1 lingurita patrunjel uscat
- 1 lingurita de sare
- 1/8 lingurita piper
- 1/2 cană mazăre congelată și morcovi
-

1/2 cană smântână

PREGĂTIREA

1. Într-un aragaz lent, puneți în straturi fâșiile de curcan, ceapă și ciuperci. Acoperiți și gătiți la LOW timp de 4 ore.

Transferați într-un castron cald, apoi întoarceți aragazul lent la MARE.
2. Se amestecă făina și laptele până când făina se dizolvă și amestecul este omogen; se amestecă sucurile în slow cooker. Se adauga tarhonul, patrunjelul, sare si piper. Aduceți curcanul și legumele în oală; se adauga legumele congelate. Acoperiți și gătiți la foc mare timp de 1 oră, sau până când sosul se îngroașă și legumele sunt gata.
3. Dacă doriți, adăugați smântână chiar înainte de servire. Serviți peste orez sau pâine prăjită, dacă doriți.
4. Porti 4.

Easy Crockpot Turkey Tetrazzini

INGREDIENTE

-
- 1 cană de apă caldă
- 1 cutie (10 3/4 uncii) supă de pui sau cremă de legume de pui
- 1 conserve (4 oz) de ciuperci, cu lichid
- 2 linguri de ardei rosu macinat
- 2 căni de curcan fiartă tocat
- 1 cană brânză Cheddar rasă
- 1/4 cana ceapa tocata marunt
- 1 lingurita de fulgi de patrunjel uscat
- un praf de nucsoara
- 2 căni de spaghete crude sparte

PREGĂTIREA

1. Pulverizați ușor interiorul aragazului lent cu spray de gătit aromat. Într-un castron, combinați apa, supa, ciupercile cu lichid și ardeiul iute. Se amestecă curcanul, brânza, ceapa, pătrunjelul și nucșoara. Adăugați spaghetele rupte. Se amestecă pentru a se combina și se toarnă într-o oală. Acoperiți și gătiți la LOW timp de 4-6 ore, până când spaghetele sunt fragede. Se amestecă înainte de servire. 4 până la 6 porții.

Sos de spaghete Vickie cu cârnați de curcan

INGREDIENTE

- 180 g pasta de tomate
- 16 uncii de roșii înăbușite
- 8 uncii de sos de roșii
- 28 uncii roșii, conservate, scurse
- 1/2 cană vin roșu
- 1/2 cană de apă
- 1/2 lingurita de zahar
- 1/8 lingurita frunze de oregano uscate
- 1/8 lingurita frunze de busuioc uscat
- 1 frunză de dafin
- 1 1/2 linguriță de condimente italiene
- 1 lingurita pudra de chili
- 2 lingurite de usturoi, tocat
- Piept de curcan de 1 kg, fiert și tăiat cubulețe
- 1/2 kg de cârnați de curcan italian, gătiți, tăiați cubulețe
- 2 cepe, tocate
- 1 ardei gras, tocat
- 1/2 lingurita sare, optional

PREGĂTIREA

1. Combinați toate ingredientele în crockpot. Acoperiți și gătiți la LOW timp de 8-10 ore.
2. Se servește 10 până la 12. Poate fi congelat.

Piept de curcan fiert cu vin

INGREDIENTE

- Piept de curcan întreg dezosat (aproximativ 3 kg)

- 1 ceapă medie, tăiată în jumătate și feliată subțire

- 1/2 lingurita de cimbru

- 1 cățel mare de usturoi, feliat subțire

- Sare si piper dupa gust

- 1/4 cană de vin Madeira

- 1 lingura de miere

- 1 până la 2 uncii de ciuperci uscate, cum ar fi porcini, înmuiate în 1/4 cană apă

- 1 lingura de amidon de porumb amestecat cu 2 linguri de apa rece

PREGĂTIREA

1. Scoateți pieptul de curcan din ambalaj și plasă și clătiți sub apă rece; uscați-l Pune pieptul de curcan în aragazul lent; adăugați în lichidul de înmuiat ceapa, cimbrul, usturoiul, sare și piper, vinul, mierea și ciupercile. Acoperiți și gătiți la foc mic timp de 8-10 ore. În ultimele 30 de minute, turnați lichidul într-un recipient pentru a îndepărta excesul de grăsime, dacă doriți, și întoarceți bulionul în oală.
   Amestecați amestecul de amidon de porumb și continuați să gătiți până când este omogen și gros.
2. Serve de la 5 la 6.

Betty Apple

INGREDIENTE

- 3 lbs pentru gătit mere, Roma, Granny Smith, Jonathan etc.
- 10 felii de pâine, feliate, aproximativ 4 căni de cuburi de pâine
- 1/2 linguriță. praf de scorțișoară
- 1/4 lingurita. Nucșoară
- 1/8 linguriță. sare
- 3/4 cană zahăr brun, ambalat
- 1/2 cană unt topit

PREGĂTIREA

1. Spălați merele, curățați-le, îndepărtați miezul, tăiați-le în opt. Ar trebui să aveți aproximativ 7-8 căni de mere feliate. Puneți feliile de mere în fundul vasului cu unt. Combinați cuburile de pâine cu scorțișoară, nucșoară, sare, zahăr, unt; arunca împreună. Deasupra puneți merele crock. Acoperiți și gătiți la LOW timp de 2 1/2 până la 4 ore.
2. Porți 6.

Unt de mere

INGREDIENTE

- 7 cani de sos de mere, natural

- 2 căni de cidru de mere

- 1 1/2 cană de miere

- 1 lingurita de scortisoara pudra

- 1/4 lingurita cuisoare macinate, optional

- 1/2 lingurita ienibahar

PREGĂTIREA

1. Într-un aragaz lent, combinați toate ingredientele. Acoperiți și gătiți la LOW timp de 14-15 ore sau până când amestecul este maro închis.
2. Turnați untul fierbinte de mere în borcane sterilizate fierbinți și sigilați, apoi procesați o halbă sau halbe timp de 10 minute într-o baie de apă clocotită.
3. Face 4 halbe sau 8 borcane de jumătate de halbe.

xApple-Cocos Crisp

INGREDIENTE

- 4 mere Granny Smith mari, fără miez, decojite și tăiate grosier (aproximativ 4 căni)

- 1/2 cană fulgi de cocos îndulciți

- 1 lingura de faina

- 1/3 cană zahăr brun

- 1/2 cană de înghețată de fudge sau fudge (fără grăsimi este bine)

- 1/2 lingurita zahar brun

- 1/3 cană făină

- 1/2 cană de ovăz rapid

-
2 linguri de unt

PREGĂTIREA

1. Într-un vas de copt de 1 1/2 litru care se potrivește în aragazul tău lenți/Crock Pot, combina merele cu nucile, 1

lingură de făină, 1/3 cană de zahăr brun și scorțișoară. Acoperiți cu topping de înghețată. Combinați celelalte ingrediente într-un castron mic cu o furculiță sau un tăietor de patiserie și presărați amestecul de mere. Acoperiți și gătiți la foc mare timp de 2 1/2-3 ore, până când merele sunt gata. Se serveste cald cu inghetata de vanilie sau frisca.

Crocantă cu mere și afine

INGREDIENTE

- 3 mere mari, decojite, fără miez și tăiate cubulețe
- 1 cană de afine
- 3/4 cană zahăr brun
- 1/3 cană de ovăz rulat (gătiți rapid)
- 1/4 lingurita. sare
- 1 lingură. maro
- 1/3 cană unt, înmuiat

PREGĂTIREA

1. Puneți feliile de mere și merisoarele în aragazul lent. Se amestecă ingredientele rămase într-un bol; se presara peste mere si merisoare. Puneți 4 sau 5 prosoape de hârtie pe aragazul lent și puneți deasupra o ustensilă, cum ar fi o lingură de lemn, pentru a nu se închide etanș capacul. Pune capacul deasupra. Acest lucru permite aburului să scape. Porniți aragazul lent și gătiți aproximativ două ore.
2. Porti 4.

Compot de mere si afine

INGREDIENTE

- 6 mere de gătit, decojite, dezlipite și feliate
- 1 cană de merisoare proaspete
- 1 cană de zahăr granulat
- 1/2 lingurita coaja de portocala rasa
- 1/2 cană de apă
- 3 linguri de porto sau suc de portocale
- crema, optional

PREGĂTIREA

1. Aranjați feliile de mere și merisoarele în aragazul lent. Presărați zahăr peste fructe. Se adauga coaja de portocala, apa si vinul. Se amestecă pentru a amesteca ingredientele. Acoperiți, gătiți la LOW timp de 4-6 ore, până când merele sunt gata. Servește fructele calde cu sucul, ornat cu smântână dacă se dorește.
2. Porți 6.

Budincă de mere și curmale

INGREDIENTE

- 5 mere Jonathan sau Granny Smith, decojite, fără miez și feliate (sau alte mere de gătit)
- 3/4 cană zahăr granulat
- 1/2 cană curmale tocate
- 1/2 cană ouă prăjite și tocate •
- 2 linguri de faina
- 1 lingurita de praf de copt
- 1/8 lingurita de sare
- 1/4 lingurita nucsoara
- 1/4 lingurita zahar brun
- 2 linguri de unt topit
- 1 ou, batut

PREGĂTIREA

1. Într-un aragaz lent, puneți merele, zahărul, curmalele și nucile; se amestecă pentru a se amesteca. Într-un castron separat, combinați făina, praful de copt, sarea, nucșoara și scorțișoara; se amestecă în amestecul de mere. Peste amestec se toarnă untul topit și se amestecă. Incorporeaza oul batut. Acoperiți și gătiți la LOW timp de 3 până la 4 ore. Se serveste fierbinte.
2. •Pentru a prăji nucile, întindeți într-un singur strat pe o tavă de copt. Se coace la cuptor la 350°, amestecand din cand in cand, timp de 10-15 minute.
3. Sau, prăjiți într-o tigaie neunsă la foc mediu, amestecând, până când se rumenesc și sunt aromate.

Cheesecake cu mere și nuci

INGREDIENTE

Acoperi:

- 1 cană (mici) firimituri de biscuit Graham
- 1/2 lingurita zahar brun
- 2 linguri de zahar
- 3 linguri de unt topit
- 1/4 cană nuci sau nuci tocate mărunt

Umplere:

- 16 uncii de cremă de brânză
- 1/4 cană zahăr brun
- 1/2 cană zahăr alb granulat
- 2 ouă mari
- 3 linguri smantana grea pentru frisca
- 1 lingura amidon de porumb
- 1 lingurita vanilie

Garnitură:

- 1 măr mare, feliat subțire (aproximativ 1 1/2 căni)
- 1 lingurita de zahar brun
- 1/4 cană zahăr

- 1 lingura nuci pecan sau nuci tocate marunt

PREGĂTIREA

1. Combinați ingredientele crustei; tamponați într-o tigaie arcuită de 7 inci.
2. Bateți zahărul în crema de brânză până devine omogen și cremos. Bateți ouăle, frișca, amidonul de porumb și vanilia. Bateți aproximativ 3 minute la viteza medie a unui mixer electric de mână. Se toarnă amestecul în crusta pregătită.
3. Combinați feliile de mere cu zahărul, scorțișoara și nucile; puneți toppingul uniform pe cheesecake. Așezați cheesecake-ul pe un grătar (sau „inel" din folie de aluminiu pentru a-l ține de fundul oalei) în oala.
4. Acoperiți și gătiți la putere maximă timp de 2 1/2-3 ore.
5. Lăsați să stea în oala acoperită (după ce ați oprit-o) timp de aproximativ 1 până la 2 ore, până când se răcește suficient pentru a fi manipulată.
6. Se răcește bine înainte de a îndepărta părțile laterale ale tigaii.
7. Se răcește înainte de servire; păstrați resturile la frigider.
8. Cuptor: Coaceți la 325 ° F timp de aproximativ 45 de minute până la o oră, apoi opriți cuptorul și lăsați-l să se răcească în cuptor pentru aproximativ 4 ore.

Placintă cu mere cu cafea

INGREDIENTE

- Mix de mere:

- 1 conserve (20 oz) de umplutură de mere, felii de mere ușor rupte

- 1/2 lingurita zahar brun

- 3 linguri de zahar brun

- .

- Aluat de prăjitură:

- 2 amestecuri mici de tort galben (Jiffy - 9 oz fiecare)

- 2 ouă, bătute

- 1/2 cană smântână (ușoară)

- 3 linguri de unt moale sau margarină

- 1/2 cană lapte evaporat

- 1/2 lingurita zahar brun

- 1 lingurita de unt sau margarina pentru a unge aragazul incet

PREGĂTIREA

1. Combinați ingredientele pentru amestecul de mere într-un castron mic. Combinați ingredientele pentru aluat; amesteca bine. Ungeți generos părțile laterale și fundul unui aragaz lenți/oala de 3 1/2 litri. Întindeți aproximativ jumătate din amestecul de mere peste fundul oalei. Turnați jumătate din aluat peste amestecul de mere. Turnați restul de amestec de mere peste aluat, apoi acoperiți cu amestecul rămas.

Acoperiți și gătiți la putere maximă timp de 2 până la 2 1/2 ore.
2. Opriți focul, lăsați capacul ușor întredeschis și răciți aproximativ 15 minute. Răsturnați pe o farfurie, culegeți merele rămase pe fundul oalei și așezându-le deasupra prăjiturii. Face o prăjitură de aproximativ 7 inchi în diametru și 3 1/2 inci înălțime.

Variante:

1. Înlocuiți piersici sau altă umplutură de plăcintă

3. Adăugați nuci pecan sau nuci tocate în amestecul de mere

Plăcintă cu budincă de mere

INGREDIENTE

- 2 căni de zahăr granulat
- 1 cană de ulei vegetal
- 2 oua
- 2 lingurite de extract de vanilie
- 2 căni de făină universală
- 1 lingurita de bicarbonat de sodiu
- 1 lingurita nucsoara
- 2 cani de mere fierte, nedecojite, fara coaja, tocate marunt
-

1 cana nuci tocate

PREGĂTIREA

1. Într-un castron mare, amestecați zahărul, uleiul, ouăle și vanilia. Adăugați făina, sifonul și nucșoara; amesteca bine.
2. Pulverizați o tavă de două kilograme cu spray de gătit sau unsoare și dați-o bine cu făină sau folosiți o altă foaie de copt care se potrivește în aragazul dvs. lent.
3. Se toarnă aluatul într-o tavă sau o tavă de copt, se umple până la 2/3.
4. Puneți-l într-un Crock-Pot sau într-un aragaz lent. Nu adăugați apă în oală.
5. Acoperiți dar lăsați-l să se odihnească puțin pentru a lăsa aburul să scape.
6. Gatiti la maxim 3 1/2 pana la 4 ore. Nu te uita înainte de ultima oră de gătit.
7. Prajitura este gata cand se face toppingul.
8. Lasă-l să se odihnească câteva minute înainte de a-l turna pe o farfurie. Serviți cu topping, frișcă îndulcită sau sos dulce.

Pâine de caise cu nuci

INGREDIENTE

- 3/4 cană caise uscate
- 1 cană de făină
- 2 lingurite de praf de copt
- 1/4 lingurita de bicarbonat de sodiu
- 1/2 lingurita de sare
- 1/2 cană zahăr granulat
- 1/2 cană făină integrală
- 3/4 cană lapte
- 1 ou, batut usor
- 1 lingură coajă de portocală rasă
- 1 lingura de ulei vegetal
- 1 cană nuci pecan tocate grosier

PREGĂTIREA

1. Puneți caisele pe o masă de tăiat și stropiți-le cu 1 lingură de făină. Înmuiați un cuțit în făină și tocați mărunt caisele uscate. Făinați des cuțitul pentru a preveni lipirea caiselor. Cerneți împreună făina rămasă, praful de copt, bicarbonatul de sodiu, sarea și zahărul într-un castron mare. Incorporeaza faina integrala. Combinați laptele, ouăle, coaja de portocală și uleiul. Se amestecă amestecul de făină.
2. Se amestecă caisele tăiate, orice făină rămasă pe masa de tăiat și nucile pecan tocate. Se toarnă într-o unitate de gătit unsă și unsă cu făină sau într-o altă tigaie sau caserolă rezistentă la căldură care se potrivește în aragazul lent. Acoperiți și puneți-le pe un grătar (sau folie mototolită) în aragazul lent, dar deschideți ușor capacul cu o răsucire de hârtie pentru a permite excesul de abur să scape. Coaceți pâinea cu nuci de caise la maxim 4-6 ore. Se răcește pe un grătar timp de 10 minute. Serviți cald sau rece.
3. Pentru 4-6 portii.

Mere fierte

INGREDIENTE

- 6 mere mari de gătit

- 3/4 cană suc de portocale

- 2 lingurite coaja de portocala rasa

- 1 lingurita coaja de lamaie rasa

- 3/4 cană fard de obraz sau suc de mere de afine

- 1/4 lingurita zahar brun

- 1/2 cană zahăr brun deschis

- Frisca

PREGĂTIREA

1. Scoateți miezul din mere și puneți-le într-un aragaz lent. Într-un castron mic, combinați sucul de portocale, coaja de portocală rasă, coaja de lămâie rasă, vinul sau sucul, scorțișoara și zahărul brun. Se toarnă peste mere. Acoperiți oala și gătiți la foc mic aproximativ 3 1/2 ore sau până când merele sunt gata. Se raceste putin si se serveste cu frisca sau frisca.

Mere coapte II

INGREDIENTE

- 6 până la 8 mere fierte medii (McIntosh, Rome Beauty, Granny Smith, Fuji, Jonathan etc.)
- 2 sau 3 linguri de stafide
- 1/4 cană zahăr granulat
- 1 lingurita de zahar brun, impartit
- 2 linguri de unt, tăiate în bucăți mici

PREGĂTIREA

1. Curățați o parte din pielea din jurul vârfului mărului și îndepărtați miezul.
2. Într-un castron, amestecați stafidele, zahărul și 1/2 linguriță de zahăr brun; umple centrul marului.
3. Așezați merele în aragazul lent și stropiți cu scorțișoara rămasă. Acoperiți cu bucăți de unt.
4. Turnați 1/2 cană apă fierbinte în jurul merelor.
5. Acoperiți și gătiți la LOW timp de 6-8 ore, până când merele sunt gata.

Crema la cuptor

INGREDIENTE

- 3 oua, batute usor
- 1/3 cană zahăr granulat
- 1 lingurita vanilie
- 2 pahare de lapte
-
1/4 lingurita nucsoara macinata

PREGĂTIREA

1. Într-un castron, combinați ouăle, zahărul, vanilia și laptele; amesteca bine. Se toarnă într-o tavă de copt de 1 sau 1 1/2 litru unsă cu unt sau într-o tavă de sufle cu gătit lent și se presară cu nucșoară. Puneți un suport sau un inel de folie în aragazul lent, apoi adăugați 1 1/2 până la 2 căni de apă fierbinte în oală. Acoperiți tava cu folie de aluminiu și puneți-o pe grătar în tava. Acoperiți și gătiți la putere maximă timp de 2 1/2-3 ore sau până când se fixează.
2. 4 până la 6 porții.

Pâine cu banane

INGREDIENTE

- 1/3 cană de scurtare

- 1/2 cană zahăr

- 2 oua

- 1 3/4 cani de faina

- 1 lingurita praf de copt

- 1/2 lingurita sare

- 1/2 lingurita de bicarbonat de sodiu

- 1 cană piure de banane

- 1/2 cana stafide sau curmale tocate

- 1/2 cană nuci pecan tocate, opțional

PREGĂTIREA

1. Într-un castron, amestecați strângerea și zahărul; Se adauga ouale si se bat bine. Adăugați ingredientele uscate alternativ cu piureul de banane; se amestecă cu stafide sau curmale tocate și nuci pecan tocate, dacă se folosește. Ungeți o tavă de 4 căni și turnați aluatul în ea. Acoperiți partea de sus a cutiei cu 6 până la 8 straturi de prosoape de hârtie; și puneți pe un gratar într-un aragaz. Acoperiți oala și gătiți la foc mare timp de 2 până la 3 ore (sau până când pâinea este întărită). Distribuit pe forum.

Pâine cu banane și nuci

INGREDIENTE

- 1 cană de unt sau margarină
- 2 căni de zahăr
- 4 ouă
- 1/4 lingurita sare
- 2 lingurite de sifon
- 4 căni de făină
- 6 banane mari, foarte coapte, pasate
- 1 cană nuci pecan tocate mărunt

PREGĂTIREA

1. Amestecați untul și zahărul. Adaugam ouale pe rand batand dupa fiecare adaugare. Cerne ingredientele uscate împreună; se adaugă la amestecul de smântână. Combinați banana și nucile pecan tocate.
2. Turnați aluatul de pâine cu nuci și banane în 2 tavi bine căptușite; se coace la 325° timp de aproximativ 1 ora 15 minute, sau pana cand o scobitoare introdusa in centru iese curata. Această rețetă de pâine cu banane face 2 pâini.

Banane confiate

INGREDIENTE

- 6 banane coapte, dar ferme, decojite
- 1/2 cană fulgi de nucă de cocos
- 1/2 lingurita de zahar brun macinat
- 1/4 lingurita sare
- 1/2 cană sirop de porumb închis
- 1/4 cană unt, topit
- 1 lingură coajă de lămâie rasă
- 3-4 linguri de suc de lamaie (1 lamaie medie)

PREGĂTIREA

1. Aranjați bananele decojite în fundul crockpot; se presara cu nuca, scortisoara si sare.
2. Combinați siropul de porumb închis, untul, coaja de lămâie și sucul; se toarnă peste stratul de banane.
3. Acoperiți și gătiți la LOW timp de 1 1/2 până la 2 ore.

Merele Carmel

INGREDIENTE

- 2 pachete (14 oz fiecare) de bomboane
- 1/4 cană de apă
- 8 mere medii, precum McIntosh, Gala sau Fuji
- bețe pentru mere

PREGĂTIREA

1. Într-un aragaz lent, combinați bomboanele și apa. Acoperiți și gătiți la putere maximă timp de 1 până la 1 1/2 oră sau până când caramelele se topesc, amestecând des.
2. Între timp, tapetați o tavă de copt cu hârtie de copt; ungeți hârtia.
3. Se spală și se usucă merele. Introduceți un băț în capătul tulpinii fiecărui măr. Puneți căldura din oală la scăzut.
4. **Notă:**Dacă arde caramelul, treceți-l printr-o sită de plasă și îndepărtați orice particule întunecate.
5. Puneți sosul într-o cratiță sau înapoi în aragaz pe partea curată și păstrați-l cald în timp ce scufundați merele.
6. Înmuiați merele în caramelul fierbinte; învârtiți pentru a acoperi toată fața. Ținând merele pe o oală, răzuiți excesul de caramel acumulat de pe merele de jos.

7. Așezați merele acoperite pe hârtie ceară gata pentru tigaie. Când te apropii de fundul oalei, folosește o lingură pentru a turna caramelul fierbinte peste mere. Pune tava acoperită cu mere la frigider pentru a se întări. Fiți atenți dacă copiii vă

ajută; crockpot va fi probabil destul de fierbinte la atingere, iar fudge-ul poate fi fierbinte.
8. Pentru 8 mere caramel.

Fondue de rom caramel

INGREDIENTE

-
- 1 pungă (14 oz) de bomboane uncie
- 2/3 cană smântână groasă sau smântână pentru frișcă
- 1/2 cană de bezele miniaturale
- 2 sau 3 lingurite de rom sau 1/2 lingurita de extract de rom

PREGĂTIREA

1. Combinați caramelele și frișca în aragazul lent. Acoperiți și gătiți la LOW până când caramelele se topesc, aproximativ 1/2 oră. Se amestecă bezele și aroma de rom până se amestecă bine. Acoperiți și continuați să gătiți încă 30 de minute.
2. Serviți cu felii de mere, cuburi de prăjitură sau folosiți ca dip de ghimbir sau înghețată.

Cireșe crocante

INGREDIENTE

- 1 conserve (21 oz) de umplutură de plăcintă cu cireșe
- 2/3 cană zahăr brun
- 1/2 cană de ovăz pentru gătit rapid
- 1/2 cană făină
- 1 lingurita vanilie
- 1/3 cană unt, înmuiat

PREGĂTIREA

1. Ungeți ușor cu unt o oală lentă de 3 1/2 litri. Puneți umplutura de plăcintă cu cireșe în aragazul lent/oala de gătit. Combinați ingredientele uscate cu vanilia și amestecați bine; tăiați untul cu un tăietor de biscuiți sau cu o furculiță. Presărați firimiturile peste umplutura de plăcintă cu cireșe. Gatiti 5 ore la foc mic.

Buchete De Ciocolata

INGREDIENTE

- 2 kilograme de coajă de migdale albă sau ciocolată albă pentru scufundare
- 4 uncii de ciocolată dulce germană sau ciocolată cu lapte pentru scufundare
- 1 pachet de chipsuri de ciocolată semidulce (12 oz)
- 24 uncii de arahide prăjite uscate

PREGĂTIREA

1. Pune toate ingredientele în crockpot; acoperiți și gătiți la putere maximă timp de o oră. Nu se amestecă. Întoarceți vasul de recoltare și amestecați la fiecare 15 minute timp de încă o oră. Desfacem pe hartie de copt si lasam sa se raceasca. Păstrați bomboane într-un recipient bine acoperit.

Crockpot cu fructe de mare

INGREDIENTE

- 2 conserve de creveți (aproximativ 5 uncii fiecare), scurgeți

- 2 conserve de ton (aproximativ 7 uncii fiecare), decojite

- 2 cutii de carne de crab (aproximativ 7 uncii fiecare), scoateți-le, îndepărtați nisipul

- 1 conserve (4 uncii) de ardei roșu zdrobit, scurs

- 1/3 cana patrunjel proaspat tocat

- 3 căni de orez instant, nefiert

- 2 cutii de supa crema condensata de ciuperci

- 3 pahare cu apă

- 1/2 cană vin alb sec

- 1/4 cană ceapă, tocată

- 2 lingurițe de mărar

- 1/2 lingurita boia

- 1/2 lingurita sos Tabasco

PREGĂTIREA

1. Pune primele șase ingrediente în crockpot. Combina crema de ciuperci cu apa, vinul, ceapa, mararul, boia si sosul Tabasco. Se toarnă peste amestecul de orez și fructe de mare într-o oală; se amestecă ușor pentru a se amesteca bine.
2. Acoperiți și gătiți la foc mic timp de 3 până la 4 ore, până când orezul este fraged.

Flan De Somon Si Cartofi

INGREDIENTE

- 4-5 cartofi medii, decojiti si tocati
- 3 linguri de faina
- sare si piper
- 1 conserve (16 oz) de somon, scurs și decojit
- 1/2 cană ceapă tocată
- 1 conserve (10 3/4 uncii) supă cremă de ciuperci sau cremă de țelină
- 1/4 cană apă
- un praf de nucsoara

PREGĂTIREA

1. Puneți jumătate din cartofi într-un aragaz lent sau o oală unsă. Pudrați cu jumătate de făină, apoi stropiți ușor cu sare și piper. Acoperiți cu jumătate de somon feliat; se întinde jumătate din ceapă. Repetați nivelurile. Combinați supa și apa; se toarnă peste amestecul de cartofi-somon. Se presară doar cu puțină nucșoară. Acoperiți și gătiți la foc mic timp de 7 până la 9 ore sau până când cartofii sunt fragezi.
2. Porți 6.

Creveți creoli

INGREDIENTE

- 1 1/2 cani de telina tocata

- 1 1/4 cană ceapă tocată
- 1 cană ardei gras tocat
- 1 conserve (8 oz.) de sos de roșii
- 1 conserva roșii întregi, tocate
- 1 cățel de usturoi, tocat
- 1 lingurita de sare, sau dupa gust
- 1/2 lingurita condimente creole
- 1/4 lingurita piper negru proaspat macinat
- 6 picături de Tabasco, sau după gust
- 1 până la 1 1/2 kilograme de creveți, dezosați și curățați de coajă

PREGĂTIREA

1. Combinați toate ingredientele, cu excepția creveților. Gatiti 3-4 ore la maxim sau 6-8 ore la mic. Adăugați creveții în ultima oră de gătit. Serviți peste orez fierbinte. Creveții pot fi înlocuiți cu pui, iepure sau homar. Versiune plită, dacă nu ai o oală. Prăjiți țelina, ceapa și ardeiul în ulei sau unt până devin fragede. Adăugați celelalte ingrediente, cu excepția creveților. Se fierbe cel puțin 30 de minute până la o oră.

Adăugați creveții (sau puiul fiert tocat sau alte fructe de mare) și fierbeți încă 30 de minute.
2. Acesta este și mai bine reîncălzit a doua zi.

Creveți dulci și acrișori

INGREDIENTE

- 1 pachet (6 uncii) de păstăi de mazăre chinezească congelate
- 1 cutie (12 până la 14 uncii) bucăți de ananas în suc
- 2 linguri amidon de porumb
- 3 linguri de zahăr granulat
- 1 cană bulion de pui

Rezervat 1/2 cană suc de ananas

- 1 lingura de sos de soia
- 1/2 lingurita ghimbir macinat
- O pungă (12 până la 16 uncii) de creveți mici sau medii congelați, curățați și gătiți
- 2 linguri de otet de cidru
- orez fierbinte

PREGĂTIREA

1. Puneți păstăile de mazăre într-o strecurătoare și treceți peste ele cu apă rece până se dizolvă parțial, cât să se separe ușor. Scurgeți ananasul, rezervând 1/2 cană de suc. Puneți păstăile de mazăre și ananasul scurs în aragazul lent. Într-o cratiță mică, amestecați amidonul de porumb și zahărul; adăugați bulion de pui, sucul de ananas rezervat, sosul de soia și ghimbirul. Aduceți la fiert, amestecați și gătiți sosul aproximativ un minut.

2. Sosul trebuie să fie gros și limpede. Amestecați ușor sosul cu păstăile de mazăre și ananasul. Acoperiți și gătiți la LOW timp de 3-5 ore. Adăugați creveții dezghețați fierți; continuă să gătești încă 30 de minute, până când se încălzește. Adăugați oțetul și amestecați ușor.
3. Serviți cu orez fierbinte.

Caserolă Tagliatelle cu ton

INGREDIENTE

- 1/4 cană sherry uscat
- 2/3 cană lapte
- 2 linguri de fulgi de patrunjel
- 10 uncii de mazăre și morcovi congelați, aproximativ 1 1/2 până la 2 căni
- 2 conserve de ton, scurse
- 1/4 lingurita praf de curry sau dupa gust
- 10 uncii de tăiței cu ou, gătiți până când sunt fragezi
- 2 linguri de unt

PREGĂTIREA

1. Într-un castron mare, crema de țelină combină supa, sherry, laptele, fulgii de pătrunjel, verdeața, pudra de curry și tonul. Îndoiți tăițeii; se amestecă pentru a se amesteca bine. Se toarnă amestecul într-un aragaz lent. Se punctează cu unt. Acoperiți și gătiți la foc mic, 5 până la 7 ore, până când legumele sunt fierte și spaghetele sunt fragede.

Caserolă cu tăiței cu ton #2

INGREDIENTE

- 2 conserve de crema de telina
- 1/3 cană supă de pui
- 2/3 cană lapte
- 2 linguri de fulgi de patrunjel uscat
- 1 pachet (10 oz) de mazăre congelată, dezghețată
- 2 conserve de ton, de 7 uncii fiecare, scurse
- 10 uncii tăiței medii cu ou, gătiți până se înmoaie
- 3 linguri de pesmet uns cu unt sau pesmet de cartofi

PREGĂTIREA

1. Ungeți fundul și părțile laterale ale cuptorului de gătit lent (oala de 4 până la 5 litri). Într-un castron mare, combinați supa, bulionul de pui, laptele, pătrunjelul, verdeața și tonul. Încorporați tăițeii fierți. Turnați amestecul în aragazul lent pregătit. Acoperiți cu pesmet uns cu unt sau chipsuri de cartofi. Acoperiți și gătiți la LOW timp de 5-6 ore. 4 până la 6 porții.

Salată de caserolă cu ton

INGREDIENTE

- 2 conserve de ton, scurse și decojite
- 1 conserve de crema de telina
- 4 oua fierte tari, tocate
- 1 cana telina tocata
- 1/2 cană maioneză
- 1/4 lingurita. Piper
- 1 1/2 cani de piure de cartofi

PREGĂTIREA

1. Ungeți aragazul lent sau pulverizați cu spray de gătit antiadeziv. Combinați toate ingredientele, cu excepția a 1/4 cană de chipsuri de cartofi; amesteca bine. Se toarnă în aragazul lent pregătit.
2. Acoperiți cu cartofi prăjiți rămași.
3. Acoperiți și gătiți la LOW timp de 4-6 ore.

Fasole Albă Și Roșii Cu Ton

INGREDIENTE

- 4 linguri de ulei de măsline
- 1 cățel de usturoi, zdrobit
- 1 kilogram de fasole albă mică, înmuiată peste noapte, scursă
- 2 cani de rosii tocate
- 2 cutii de 6-1/2 uncii de ton albacore în apă, scurs și decojit
- 2 crengute de busuioc, tocate marunt sau 1 1/2 lingurita de busuioc uscat
- Sare si piper dupa gust

PREGĂTIREA

1. Prăjiți usturoiul în ulei până devine auriu; aruncați usturoiul. Combinați uleiul cu aromă de usturoi cu fasolea și 6 căni (48 oz) de apă într-o cratiță. Acoperiți și gătiți la putere maximă timp de 2 ore. Reduceți focul, acoperiți și gătiți timp de 8 ore. Adăugați ingredientele rămase; acoperiți și gătiți la putere maximă timp de 30 de minute.

Cioppino Crockpot al lui Will

INGREDIENTE

- 1 cutie mare (28 oz) de roșii zdrobite cu suc
- 1 conserve (8 oz) de sos de rosii
- 1/2 cană ceapă tocată
- 1 pahar de vin alb sec
- 1/3 cană ulei de măsline
- 3 catei de usturoi, tocati
- 1/2 cana patrunjel, tocat
- 1 ardei verde, tocat
- 1 ardei iute (optional), tocat
- Sare si piper dupa gust
- 1 lingurita de cimbru
- 2 lingurite busuioc
- 1 lingurita oregano
- 1/2 lingurita boia
- 1/2 lingurita piper cayenne
- apă, dacă se dorește •
- Fructe de mare••
- 1 file de biban de mare, cod sau alt peste alb cu oase (important) si taiat cubulete
- 1 duzină. crevetă
- 1 duzină. moluște comestibile

- 1 duzină. midiile

- 1 duzină. scoici (pot fi folosite la conserva)

PREGĂTIREA

1. Pune toate ingredientele în aragazul lent, cu excepția fructelor de mare. Acoperiți și gătiți 6 până la 8 ore la foc mic.
2. Cu aproximativ 30 de minute înainte de servire, adăugați fructele de mare. Dați focul la mare și amestecați din când în când (dar ușor).
3. Serviți cu pâine cu aluat adevărat dacă o găsiți. Noi, aici, în San Francisco, avem noroc că avem o selecție de câteva mărci cu degustare cu adevărat „tartă". Apropo, nu vă fie teamă să vă scufundați pâinea în cioppino pentru că în acest caz este considerată bună maniere.

Note de la Will:

•Puteti adauga apa in reteta pentru a topi putin Cioppino dar noi il preferam gros.

••Folosește-ți imaginația și preferințele personale cu privire la ce fructe de mare să adaugi. Unii aleg să-l servească cu crab proaspăt crăpat când este sezon.

Cotlet de mere și caise

INGREDIENTE

- 2 kg de muschie de porc sau cotlete
- 1 cană de măr tocat
- 1 cana de caise uscate tocate
- 1 ceapa medie, tocata
- 2 tulpini de țelină, tăiate în bucăți de 1/2 inch
- 1/2 cană suc de mere
- 1/2 cană zahăr brun
- 1/4 cană sherry uscat sau vin alb sec sau mai mult suc de mere
- Sare si piper dupa gust
- 1 1/2 linguri de amidon de porumb amestecat cu 2 linguri de apa rece

PREGĂTIREA

1. Combinați toate ingredientele; acoperiți și gătiți la LOW timp de 7 până la 9 ore sau 3 1/2 până la 4 1/2 ore la HIGH. Cu aproximativ 20-30 de minute înainte de servire, turnați lichidul într-un recipient separat pentru a scăpa de excesul de grăsime. Se amestecă amestecul de amidon de porumb și se pune bulionul în slow cooker. Continuați să gătiți la foc mic până când sosul este omogen și se îngroașă.
2. 4 până la 6 porții.

Muschiu de porc cu mere

INGREDIENTE

- 2 mușchi de porc (1 1/2 până la 2 lire în total)
- 1 ceapă mare, tăiată în jumătate și tăiată în felii de 1/4 inch
- 2 mere, curatate de coaja si tocate grosier
- 2 linguri de jeleu de mere
- 1 lingura de otet de cidru
- sare si piper negru macinat grosier dupa gust

PREGĂTIREA

1. Combinați toate ingredientele într-un cuptor lent/Crock Pot (carne de porc maro, dacă doriți). Acoperiți și gătiți la foc mic timp de 7-9 ore. Serviți cu orez.
2. 4 până la 6 porții.

Cârnați De Mere Cu Ceapă și Sos De Muștar

INGREDIENTE

- 1 1/2 până la 2 kilograme de pui, mere, cârnați sau cârnați afumati similar
- 1 ceapă dulce medie, tocată
- 4 linguri muştar creol sau alt muştar granulat
- 4 linguri de otet balsamic
- 4 linguri de zahar brun
-

3 linguri de miere

PREGĂTIREA

1. Tăiați cârnații în bucăți de 1 până la 2 inci. Pune ceapa tocata in fundul unui aragaz lent; se ornează cu cârnați feliați. Combinați ingredientele rămase într-o cană mare sau un castron mic și turnați peste cârnați. Acoperiți și gătiți la LOW timp de 5-7 ore sau HIGH pentru 2 1/2-3 1/2 ore. Serviți cu orez sau tăiței și o parte de legume sau tăiați în bucăți mai mici și serviți ca aperitiv. Servește 6 până la 8 persoane ca fel principal.

Mătușa Bar-BQ

INGREDIENTE

- 1 1/2 kg carne de vită slabă, tăiată în cuburi de 1 până la 2 inci
- 1 1/2 kg carne de porc, tăiată în cuburi de 1 până la 2 inci
- 2 cesti de ceapa tocata
- 1/4 cană ardei verde tocat
- 1 conserve (6 oz.) de pastă de tomate
- 1/2 cană zahăr brun
- 1/4 cană oțet
- 1 lingură. sare
- 2 lingurite. sos Worcestershire
- 1 lingură. pudră de muștar

PREGĂTIREA

1. Combinați toate ingredientele într-un aragaz lent. Acoperiți și gătiți la LOW timp de 9-11 ore, până când sunt foarte fragede, sau HIGH pentru 5-6 ore. Se amestecă, se împarte carnea și se servește cu sandvișuri calde.
2. Porți 8.

Friptură de porc de toamnă

INGREDIENTE

- friptură de muschi de porc, 3 până la 4 lbs
- sare si piper
- 1 cană de afine proaspete sau congelate, tocate
- 1/4 sec. Miere
- 1 lingură. coaja de portocala rasa
- 1/8 linguriță. Nucşoară
- 1/8 linguriță. ienibahar măcinat

PREGĂTIREA

1. Stropiți muschiul de porc cu sare şi piper. Puneți într-o oală de gătit lentă sau oală. Combinați ingredientele rămase şi turnați peste friptură.
2. Acoperiți și gătiți la LOW timp de 8-10 ore. Pentru 6-8 portii.

Fasole Lima Cu HamBar-BQ Porc

INGREDIENTE

- 1 kilogram de fasole lima uscată
- 2 litri de apă pentru înmuiere
- 2 cepe medii, tocate grosier
- 1 os de șuncă cu carne plus șuncă tocată rămasă, după gust
- 3-4 căni de apă, pentru a acoperi
- 1 linguriță amestec de condimente cajun sau creole
- 1/4 lingurita piper negru proaspat macinat
- praf de piper cayenne
-

Sarat la gust

PREGĂTIREA

1. Înmuiați fasolea lima în aproximativ 2 litri de apă peste noapte.
2. Scurgeți și puneți fasolea de lima în insertul de aragaz lent. Se adauga 3-4 cani de apa proaspata doar pentru a acoperi fasolea si se adauga ceapa tocata si se adauga oasele si sunca.
3. Acoperiți și gătiți la foc mare timp de 3 ore.
4. Adăugați condimentele creole și cayenne și piper negru. Acoperiți și gătiți la LOW timp de 4 ore sau până când este foarte ferm.
5.
   Porți 8.

Carne de porc la gratar

INGREDIENTE

- 3 kilograme de umăr de porc feliat sau folosiți aproximativ jumătate din carnea de vită înăbușită
- 1 ceapă mare, tocată
- 1 lingură. sare
- 1 lingura. pudra de chili
- 1 ardei verde tocat
- 1 pahar cu apă
- 2 cesti de sos gratar, impartite
- chifle prăjite

PREGĂTIREA

1. Pune carnea de porc într-un aragaz cu ceapa, sare, praf de chili, piper și apă. Acoperiți și gătiți la LOW timp de 7-9 ore sau până când se înmoaie. Scurgeți și aruncați excesul de lichide. Maruntiti sau maruntiti carnea si intoarceti-va in oala cu 1 cana de sos gratar.
2. Acoperiți și gătiți la LOW încă o oră. Serviți pe chifle prăjite cu sosul gratar rămas.

Friptură de porc la grătar

INGREDIENTE

- 1 friptură de porc, umăr, fund
- 2-3 linguri de suc de lamaie
- 1/2 cană ceapă tocată grosier
- 1 lingurita de zahar granulat
- 1 sticlă de sos grătar, aproximativ 18 oz

PREGĂTIREA

1. Fierbeți friptura de porc acoperită cu apă (începeți cu apă fierbinte) într-o oală de vase la foc mic, timp de 9 până la 11 ore, sau până când este foarte gata și se destramă. Scurgeți apa și tăiați carnea; aruncați grăsimea și oasele.
2. Prăjiți ceapa în puțin unt.
3. Combinați sosul de grătar, ceapa, zahărul și sucul de lămâie cu carnea de vită în Crock Pot și gătiți la foc mare timp de aproximativ o oră sau la foc mic timp de aproximativ două ore.
4. Serviți carnea de porc tocată pe sandvișuri.
5. Servește 8 până la 10 persoane, în funcție de mărimea umerilor.

Coaste la grătar în stil rustic

INGREDIENTE

- 3 kg de cotlete de porc dezosate în stil rustic
- 2 mere mari de tartă, decojite, fără miez, feliate sau feliate subțiri
- 1 ceapa mare, taiata in jumatate si tocata marunt
- 1/4 lingurita zahar brun
- 1/4 lingurita de ienibahar
- sare si piper
- 1 cană sos grătar

PREGĂTIREA

1. Într-un aragaz lent, combinați coastele, mărul, ceapa, scorțișoara și ienibaharul. Se presară cu sare și piper.
2. Acoperiți și gătiți la LOW timp de 7-9 ore. Scurgeți și aruncați sucul. Adăugați sosul de grătar și continuați să gătiți aproximativ 30 de minute.
3. 4 până la 6 porții.

Boston Butt BBQ

INGREDIENTE

- Umăr sau fund de porc Boston, de 4 până la 7 kilograme, cu os sau cu os
- 1/4 cană de apă
- sare si piper usor
- sos pentru grătar

PREGĂTIREA

1. Puneti carnea in slow cooker cu apa, sare si piper.
2. Acoperiți și gătiți la foc mare timp de 1 oră. Treceți la LOW și gătiți încă 7 până la 9 ore, până când sunt foarte fragezi. Scoateți friptura și aruncați grăsimea și sucurile. Tăiați sau tăiați carnea de porc; înapoi la aragazul lent. Adăugați puțin sos grătar în carne, după gust. Acoperiți și gătiți la LOW timp de încă o oră, până când se încinge.
3. Serviți pe sandvișuri calde, cu salată de varză și sos de grătar suplimentar.

Fasole și Hot Dogs

INGREDIENTE

- 3 conserve (16 oz fiecare) de carne de porc și fasole
- Hot dog de 1 kilogram, tăiați în bucăți de 1 inch
- 1/2 cană de ketchup
- 1 ceapa mica, tocata
- 1/4 cană melasă
-

1 lingura de mustar preparat

PREGĂTIREA

1. Într-un crockpot, combinați fasole, hot dog, ketchup, ceapă, melasă și muștar.
2. Acoperiți și gătiți la LOW timp de 6-8 ore.
3. Porți 6.

Bigos

INGREDIENTE

- 1 conserva de crema condensata de telina, nediluata
- 1/3 cană zahăr brun deschis, ambalat
- 1 cutie sau pungă (24 până la 32 uncii) varză murată, scursă și clătită
- 1 1/2 lire cârnați polonezi, tăiați în bucăți de 2 inci
- 4 cartofi medii, decojiti si taiati cubulete
- 1 cană ceapă tocată
- 1 cană brânză Cheddar sau Sweet Jack rasă

PREGĂTIREA

1. Într-o oală, combinați supa, zahărul și varza murată. Se amestecă cârnații, cartofii și ceapa. Acoperiți și gătiți la LOW timp de 8 ore. Elimina excesul de grasime; se amestecă brânza. Se toarnă în boluri de servire și se ornează cu mai multă brânză rasă.
2. Porți 6.

Cotlete de porc cu mierlă

INGREDIENTE

- 6-8 cotlete de porc
- 1/2 cană făină
- 1 lingura de sare
- 1 1/2 linguriță de muștar uscat
- 1/2 lingurita praf de usturoi
- 2 linguri de ulei
- 1 cutie Supă de orez cu pui

PREGĂTIREA

1. Se amestecă făina, sarea, muștarul, pudra de usturoi. Cotletele se dau cu faina si se prajesc in ulei pe aragaz. Cand s-a rumenit bine, il punem in vas si garnisiti cu supa. Acoperiți și gătiți 6-8 ore la LOW sau aproximativ 3 1/2 ore la HIGH.
2. Rețetă de cotlet de porc distribuită pe forumul nostru de Blackbird.

Crockpot Black Eyed Peas și șuncă

INGREDIENTE

- 1 kilogram de mazăre congelată
- 1 cană bulion de pui
- 2 tulpini de telina, feliate subtiri
- 4 catei de usturoi, tocati
- 1 legătură (6 până la 8) ceapă verde, tăiată subțire
- 180 g șuncă feliată
- 1/8 lingurita piper negru macinat grosier
-

1/2 lingurita condimente creole

PREGĂTIREA

1. Combinați toate ingredientele într-un aragaz lent. Acoperiți și gătiți la LOW timp de 6-8 ore.
2. Porți 6.

Cotlete de porc la fiert

INGREDIENTE

-
- 6-8 cotlete slabe de porc

-
- 1/3 c. Făină

-
- 1 lingurita. sare

-
- 1 lingurita. pudră de muștar

-
- 1 lingura de ulei

-
- 1 ceapa medie, tocata

- 1 cățel mare de usturoi tocat (opțional)
- 1 conserve de supă de pui

PREGĂTIREA

1. Ungeți coastele cu un amestec de făină, sare, muștar și sare de usturoi. Am avut-o pe ambele parti in ulei incins intr-o tigaie cu ceapa tocata. Adăugați usturoiul pentru ultimul minut. Deglazează tigaia cu puțină apă, vin sau bulion. Puneți coastele într-un cuptor lent și adăugați supa și sosul. Acoperiți și gătiți la foc mic 6-8 ore, sau la maxim 3-4 ore.
2. Serve de la 6 la 8.

Mușchiu de porc înăbușit

INGREDIENTE

- 3 până la 4 kilograme friptură de porc dezosată, tăiată

- 4 catei de usturoi, tocati

- sare si piper

- 1/2 lingurita de salvie si cimbru sau 1 lingurita de condiment pentru pasari

- 1 cană bulion de pui

- 1/4 cană vin alb uscat sau bulion de pui

-
1/4 cană făină

PREGĂTIREA

1. A trebuit să prăjesc carnea de porc pe toate părțile într-o tigaie mare pentru a scăpa de excesul de grăsime. Tăiați friptura cu un cuțit mic și introduceți feliile de usturoi; se pune intr-un aragaz incet si se condimenteaza cu sare, piper si salvie si condimente de cimbru sau de pasare. Adăugați bulion și vin, dacă folosiți.
2. Acoperiți și gătiți la LOW timp de 8-10 ore. Scoateți friptura și degresați excesul de grăsime din sucuri; combinați făina cu aproximativ 3 linguri de apă rece și amestecați până se omogenizează.
3. Porniți aragazul lent și adăugați amestecul de făină. Gatiti si amestecati pana se ingroasa (aceasta se poate face mai repede pe aragaz).
4. Serviți sosul peste carnea de porc, cu orez sau cartofi.
5. Serveşte aproximativ 8.

Mușchiu de porc cu zahăr brun

INGREDIENTE

- 1 muschi de porc dezosat prajit, 4 pana la 6 lbs
- 1 cățel de usturoi, tăiat în jumătate
- sare si piper negru proaspat macinat
- 1 1/3 cani de zahar brun, impartit
- 1 lingura mustar de Dijon sau mustar de grau
- 1 lingura otet balsamic
- 1/4 lingurita zahar brun

PREGĂTIREA

1. Dacă carnea de porc are prea multă grăsime, tăiați-o puțin. Puțină grăsime ajută la menținerea fripturii suculente în timpul lung de gătire.
2. Se unge friptura cu jumătățile de usturoi, apoi se stropește cu sare și piper, apoi se pufează friptura cu o furculiță sau o frigărui.
3. Într-un pahar sau castron, combinați 1 cană de zahăr brun, muștar și oțet. Frecați peste tot grătarul.
4. Acoperiți și gătiți la LOW timp de 7-9 ore sau până când se înmoaie, dar nu se destramă.
5. Eliminați excesul de suc.
6. Combinați 1/3 cană rămasă de zahăr brun cu scorțișoară; Întindeți amestecul peste friptură. Acoperiți și continuați să gătiți la LOW încă o oră.
7. Serve de la 6 la 8.

Cotlet de fluture și cartofi

INGREDIENTE

- 6 sau mai mulți cartofi roșii medii, tăiați în felii groase
- 1 ceapă mare, tăiată în sferturi și tocată grosier
- 4 până la 6 cotlete de porc dezosate cu unt
- 1 pachet de condimente italiene Zesty (0,6 oz)
- Sare si piper dupa gust

PREGĂTIREA

1. Asezonați cartofii și ceapa cu sare și piper; ornat cu cotlete de porc. Frecați coastele cu amestecul de condimente. Acoperiți și gătiți la foc mic 7-9 ore. (O oală de 4 1/2 litri sau mai mare va fi necesară pentru majoritatea coastelor și cartofilor.)
2. 4 până la 6 porții.

Varză și Bratwurst

INGREDIENTE

- 5 până la 6 legături de cârnați bratwurst
- 1 varză medie, tocată grosier
- 1 ceapă mare
- 1/2 cană sos cremos de muștar cu miere
- 1/4 cană sos de mere sau cidru de mere
- 1 sau 2 lingurițe de semințe de chimen
- 1/2 linguriță de semințe de țelină
- Sare si piper dupa gust

PREGĂTIREA

1. Tăiați cârnații în jumătate și tăiați în bucăți mici. Scurgeți bine.
2. Combinați cârnații rumeniți cu varza și ceapa în Crock Pot.
3. Adăugați ingredientele rămase; se acopera si se fierbe la foc mic timp de 8-10 ore.
4. Porti 4.

Cassoulet cu carne de porc si fasole

INGREDIENTE

- 1 lb. fasole albastră fiartă

- 1 frunză de dafin

- 2 catei de usturoi

- 1/2 lingurita de cimbru

- 1/2 linguriță de salvie

- 1 kg de carne de porc slabă, tocată (cotlete, cotlete etc.)

- 1 kilogram de cârnați italian dulci sau picant

- 1 cană bulion de pui

- Sare si piper

PREGĂTIREA

1. Pune fasolea în vas cu foile de dafin, salvie, cimbru, usturoi și condimente. Carne de porc și cârnați se prăjesc până se rumenesc; felie de cârnați. Adăugați la fasole. Adăugați bulionul de pui și gătiți la LOW timp de 7-8 ore. Dacă doriți, acoperiți cu pesmet uns cu unt și coaceți până se rumenește.

Coaste in stil Catalina

INGREDIENTE

- 1 1/2 până la 2 lbs de coaste de porc de țară dezosate
- 1 sticlă (8 oz) de condimente Catalina
- 1 cană ceapă tocată
-

2 catei de usturoi medii, tocati

PREGĂTIREA

1. Combinați toate ingredientele într-un aragaz/Crock Pot; se acopera si se fierbe la foc mic timp de 7-9 ore.
2. 4 până la 6 porții.

Chalupas

INGREDIENTE

- 3 până la 4 kilograme friptură de porc dezosată, tăiată
- 2 catei de usturoi, tocati
- 2 linguri de piper praf
- 1 lingura chimen macinat
- 1 lingurita oregano
- 1 conserve chili verde, tocat
- 2 lingurite de sare, sau dupa gust
- 2 conserve (15 uncii fiecare) de fasole pinto, clătite și scurse

•••••

- Condimente sugerate
- Cașcaval ras
- Ceapa tocata
- Roșii
- Salată verde
- Smântână
- chipsuri tortilla zdrobite

PREGĂTIREA

1. Puneți primele 7 ingrediente în aragazul lent, împreună cu 1/2 cană de apă. Coaceți timp de 8 până la 10 ore. Adăugați fasolea cu o oră înainte de sfârșit. Decorați cu toppingurile dorite și serviți cu chipsuri tortilla fierbinți.

Cotlete de porc cu cireșe într-o caserolă

INGREDIENTE

- 6 cotlete de porc, tăiate cu grosimea de 3/4 inch
- Sare
- Piper
- 1 (21 oz) umplutură de plăcintă cu cireșe
- 2 lingurite. suc de lămâie
- 1/2 linguriță. granule instant de bulion de pui
- 1/8 linguriță. buzdugan macinat sau nucsoara

PREGĂTIREA

1. Soteți rapid cotletele de porc în puțină grăsime într-o tigaie grea. Se presară cu sare și piper. Într-un aragaz lent, combinați jumătate din cutia de umplutură de plăcintă cu cireșe, sucul de lămâie, buzdugan și granulele de stoc. Amesteca bine. Puneți cotletele de porc deasupra amestecului. Acoperiți și gătiți la LOW timp de 6-7 ore. Încălziți cealaltă jumătate din umplutura de plăcintă cu cireșe și transferați-o într-o caserolă când serviți coastele.
2. Porți 6.

Friptură de porc glazurată cu cireșe

INGREDIENTE

- 1 friptură de porc, dezosată, aproximativ 3 lbs
- 1 conserve (10 1/2 uncii) de bulion de pui condensat
- 1 buchet ceapă verde, cu verdeață, tăiată în lungimi de 1 inch
- 3 linguri de otet de vin
- 1 lingurita rozmarin uscat
- 1/4 linguriță de ienibahar (sau folosiți piper negru măcinat obișnuit)
- 1 cană gem de cireșe, sau folosiți gem de caise sau ananas
- o picătură sau 2 de colorant alimentar roșu, opțional

PREGĂTIREA

1. Tăiați friptura de porc și puneți-o într-un aragaz lent. Amestecați toate ingredientele, cu excepția gemului sau a

conservelor și a coloranților alimentari, într-un castron mic. Se toarnă peste friptură. Acoperiți și gătiți la viteză mică timp de 8 până la 10 ore. Chiar înainte de servire, întoarceți aragazul lent la MARE.
2. Scoateți friptura pe o farfurie caldă de servire. Aruncați gemul de cireșe cu sucul într-un cuptor lent și puțin colorant alimentar roșu, dacă doriți; cald până la temperatura de servire. Se pune peste carnea de porc tocata.
3. Porți 8.

Cotlet de pui prăjit

INGREDIENTE

- 1/2 cană făină universală

- 1 1/2 linguriță sare

- 1 lingurita mustar uscat

- 1/2 lingurita boia

- 1/2 lingurita praf de usturoi

- 6 cotlete de porc (aproximativ 3/4 inch grosime), tăiate

- 2 linguri ulei de rapita

- 1 cutie (10 3/4 uncii) cremă condensată de supă de pui, nediluată

- 1/4 cană apă

PREGĂTIREA

1. Într-un castron puțin adânc sau într-o pungă de mâncare, combinați făina, sarea, muștarul, boia de ardei și pudra de usturoi; dragați sau aruncați cotletele de porc pentru a le îmbrăca bine cu amestecul de făină asezonat. Într-o tigaie la foc mediu, rumeniți coastele pe ambele părți în ulei. Puneți cotletele de porc în aragazul lent. Combinați supa și apa; se toarnă peste coaste. Acoperiți și gătiți la foc mic timp de 6-8 ore sau până când carnea este fragedă. Dacă doriți, îngroșați sucul și serviți cu cotlete de porc.
2. Pentru 6 portii.

Pui, cârnați și chili de fasole albă

INGREDIENTE

- 2 linguri ulei de măsline extravirgin

- 2 jumătăți de piept de pui dezosate, tăiate cubulețe

- 12 până la 16 uncii de cârnați de pui, cum ar fi cârnați de pui, de mere sau de pui, alt cârnați de pui afumat sau de curcan

- 1 cană ceapă tocată

- 4 catei de usturoi, tocati

- 2 conserve (aproximativ 16 uncii fiecare) Great Northern Fasole, scurse și clătite

- 1 1/2 cani salsa tomatillo

- 1 cană bulion de pui

- 1 conserve (14,5 uncii) de roșii tăiate cubulețe cu suc, prăjite la foc, stil chili sau simplă

- 1 cană de boabe de porumb congelate

- 2 linguri de ardei jalapeño sau ardei dulce tocat mărunt

- 1 1/2 lingurita de chimen macinat

- 1/2 lingurita de sare

- 1/4 lingurita piper negru macinat

-
Un strop de piper cayenne, optional

PREGĂTIREA

1. Într-o tigaie mare, încălziți uleiul de măsline la foc mediu. Se adauga ceapa, puiul tocat si carnatii tocati; căliți până când ceapa este moale și puiul este gătit.
2. Pune fasolea scursă într-un cuptor lent pentru 4 până la 6 litri; adăugați amestecul de tigaie și toate celelalte ingrediente, cu excepția coriandrului.
3. Acoperiți și gătiți la foc mare timp de 3-4 ore sau la foc mic timp de 6-8 ore.
4. Stropiți cu coriandru chiar înainte de servire.
5.
    Porți 6.

Chilli Hotdogs

INGREDIENTE

- 1 lb hot dog

- 1 ceapa mare, tocata marunt

- 2 cutii de chili cu fasole (15 uncii fiecare)

- 1 lingurita pudra de chili

- 120 g brânză Cheddar rasă

- împachetări pentru hot dog

PREGĂTIREA

1. Combinați hot-dog-urile, ceapa tocată, ardeiul roșu și pudra de chili într-un aragaz lent; amesteca bine.
2. Acoperiți și gătiți la foc mic timp de 6-9 ore sau la maxim 3-4 ore. Turnați sosul peste rulourile de hot dog și acoperiți fiecare cu niște brânză rasă.
3. Serve de la 6 la 8.

Coaste de țară în stil chinezesc

INGREDIENTE

- 1/4 cană sos de soia

- 1/4 cană marmeladă de portocale

- 1 lingura ketchup

- 1 cățel mare de usturoi, zdrobit

- 2 până la 3 lbs de coaste de porc rustice dezosate

PREGĂTIREA

1. Combinați sosul de soia, dulceața, ketchup-ul și usturoiul.
2. Periați pe ambele părți ale coastelor. Puneți într-un aragaz lent sau crockpot și turnați restul de sos peste tot.
3. Acoperiți și gătiți la foc mic timp de 8-10 ore.
4. Serve de la 6 la 8.

Cina chinezeasca intr-o oala de vasa

INGREDIENTE

- 1 1/2 kilograme de friptură sau muschi de porc, tăiate în fâşii de 1/2 inch
- 1 litru. ceapa maruntita
- 1 m2. ardei verde, tocat
- 8 oz. ciuperci proaspete tocate
- 1 conserve (8 oz.) de sos de rosii
- 4 morcovi, tocaţi
- 3 linguri. zahar brun
- 1 1/2 lingura. oţet
- 1 1/2 linguriţă. sare
- 2 lingurite. sos Worcestershire

PREGĂTIREA

1. Rumeniţi fâşiile de porc într-o cantitate mică de ulei într-o tigaie. Îndepărtaţi excesul de grăsime. Pune toate ingredientele cu carnea de porc într-o oală şi fierbe la foc mic timp de 6-8 ore.
2. Serviţi cu orez fierbinte.

Friptură de porc chinezească

INGREDIENTE

- 1 friptură de porc, aproximativ 4 lbs
- 1 lingurita de sare
- 2 lingurițe de pudră de curry
- 2 linguri de ulei vegetal
- 1 cutie (10 3/4 uncii) de supă cremă condensată de ciuperci sau cremă de țelină
- 1/4 cană apă rece rece
- 2 linguri de făină universală
- 16 uncii de legume mixte chinezești congelate, gătite până devin crocante
- 2 căni de orez fierbinte

PREGĂTIREA

1. Tăiați excesul de grăsime din friptură; tăiați pentru a se potrivi unui anumit aragaz, dacă este necesar. Combina sarea si 1/2 lingurita pudra de curry; Frecați o friptură. Rumeniți friptura pe toate părțile în ulei încins. Pune friptura pe un gratar sau o bucată de folie de aluminiu mototolită într-o tigaie. Combinați supa de ciuperci și restul de 1 1/2 linguriță de pudră de curry; se toarnă peste friptura de porc. Acoperiți și gătiți la foc mic timp de 8-10 ore. Scoateți friptura pe un platou și păstrați-l la cald.
2. Turnați sucul într-o cratiță; scapa de excesul de grasime. Lasa sucul sa fiarba pe aragaz; se lasa sa fiarba 15 minute. Se amestecă încet apa rece în făină, amestecând până se omogenizează; se amestecă sucul. Gatiti si amestecati pana se ingroasa; serviți cu legume fierte fierte, orez fiert fiert și friptură de porc.
3. Pentru 8 portii.

Chopping John

INGREDIENTE

- 2 conserve (15 oz) cowpeas, scurse
- 4 cotlete de porc afumate
- 1 baton de telina
- 1 ardei verde, tocat, sau folosiți jumătate verde și jumătate roșu
- 1 ceapă mare, tocată
- 2 catei de usturoi, tocati
- 1 lingurita sos Worcestershire
- 3 linguri de zahar brun
- 2 linguri de ketchup
- 1 ardei jalapeno, tocat sau dupa gust (optional)
- Sare si piper dupa gust

PREGĂTIREA

1. Combinați toate ingredientele într-un cuptor lent/oala de gătit. Acoperiți și gătiți la foc mic timp de 6-8 ore. Serviți peste orez cu pâine de porumb!
2. Rețeta lui Hoppin' John servește 4.

Chutneys de muschi de porc

INGREDIENTE

- 1 friptură de porc dezosată, aproximativ 3-4 lbs
- 1 ceapa dulce mare, tocata
- Sare si piper
- 1/2 lingurita praf de usturoi sau 1 catel mic de usturoi, tocat marunt
- 1 borcan (12 oz) chutney de mango sau piersici
- 2 linguri de zahar brun
- 1 lingură de muștar din boabe
- 1/2 lingurita ghimbir macinat
- 1 lingurita praf de curry

PREGĂTIREA

1. Spălați friptura și uscați; tăiați excesul de grăsime.

2. Puneți ceapa feliată în fundul unui aragaz lenți de 5 până la 7 litri. Sarați și piperați ușor friptura, apoi frecați cu pudră de usturoi sau usturoi proaspăt tocat. Pune friptura în aragazul lent. Combinați ingredientele rămase și turnați peste friptură. Se acoperă și se gătește la MAXIMUM timp de 1 oră, apoi se reduce la LOW și se gătește încă 6-8 ore, sau se continuă gătirea la HIGH pentru încă 3-4 ore.
3. Friptura trebuie să înregistreze cel puțin 160° pe un termometru cu citire instantanee sau pe un termometru pentru carne introdus în centrul fripturii.
4. Scoateți friptura din oală și păstrați-l la cald; turnați sucul într-o cratiță medie. Se fierb sucurile aproximativ 5-8 minute pentru a le reduce cu aproximativ o treime. Combinați 1 lingură de amidon de porumb cu o lingură de apă rece, amestecați până se omogenizează. Amestecați amestecul de amidon de porumb în suc și continuați să gătiți aproximativ un minut, până se îngroașă.
5. Serve de la 6 la 8.

Friptură de porc în cidru

INGREDIENTE

- 2 cepe medii, tăiate în jumătate și feliate
- 1 umăr sau muschi de porc dezosat, 3 1/2 până la 4 1/2 livre
- 4 până la 6 morcovi, tăiați în bucăți de 1 inch
- 2 catei de usturoi, tocati
- 1/2 lingurita de sare
- 1/8 lingurita piper
- 1/2 lingurita ienibahar
- 1 lingurita pudra de chili
- 1 lingurita de frunze uscate de maghiran sau cimbru
- 2 căni de suc natural de mere sau cidru
- 2 linguri otet de cidru

PREGĂTIREA

1. Aranjați cepele în fundul aragazului lent.
2. Lăsați plasa peste friptura de porc și puneți-o în aragazul lent.
3. Aranjați morcovii în jurul fripturii; stropiți friptura cu usturoi, sare, piper, ienibahar, pudră de chili și maghiran sau cimbru. Combinați sucul și oțetul și turnați peste friptură.
4. Acoperiți și gătiți la foc mare timp de 1 oră. Reduceți căldura la LOW și gătiți încă 6-8 ore, sau lăsați-l la MAI 3-4 ore.

5. Se toarnă sucul într-o cratiță și se lasă să fiarbă peste foc. Se reduce la mediu și se fierbe în continuare timp de 5 minute.
6. Combinați făina și apa rece până se omogenizează; se bate cu zeama fierbinte. Continuați să gătiți și să amestecați până se îngroașă. Serviți cu carne de porc.
7. Serve de la 6 la 8.

Șuncă dulce de cidru

INGREDIENTE

- 1 șuncă complet fiartă, aproximativ 3 lbs

- 4 căni (32 oz) de cidru de mere sau suc de mere

- 2 lingurițe de muștar uscat

- 1 cană de zahăr brun, strâns ambalat

- 1/2 lingurita cuisoare macinate

- 1/4 linguriță ienibahar

- un praf de nucsoara

- 2 cani de stafide aurii

PREGĂTIREA

1. Puneți șunca cu suficient cidru pentru a o acoperi în aragazul/oala de gătit și gătiți la foc mic timp de 10 până la 12 ore.

Mac 'n Cheese confetti cu șuncă

INGREDIENTE

- 1 porție de șuncă tăiată în centru, 12 până la 16 uncii, tăiată cubulețe
- 1 tulpină de țelină, tocată
- 1 lingura ceapa uscata tocata, sau folositi ceapa proaspata tocata
- 2 lingurite patrunjel uscat
- 1 linguriță de sămânță de țelină
- 1 pachet (8 oz) Kraft® Classic Melts așchii de brânză cheddar americană sau brânză americană cu fir
- 1 conserve (10 3/4 oz) supă cremă condensată de țelină, nediluată
- 1 cutie de rosii tocate cu suc
- 1 cană amestec de legume congelate (mazăre, morcovi, fasole verde), decongelate
- piper negru după gust
- 5 până la 6 căni de macaroane fierbinți

PREGĂTIREA

1. Combinați toate ingredientele, cu excepția legumelor amestecate și a macaroanelor, în aragazul lent sau crockpot. Acoperiți și gătiți la foc mic timp de 6-7 ore. Adăugați verdeața cu aproximativ o oră înainte de servire (sau puneți-le la cuptorul cu microunde și adăugați-le chiar înainte de servire). Gatiti macaroanele pana se inmoaie; scurgere. Turnați amestecul de crockpot într-un castron mare de servire. Adăugați macaroanele (puțin mai puțin decât toată cantitatea dacă vă place foarte picant).
2. Rețete Crockpot Macaroane și brânză 4 până la 6.

Crockpot de porumb și șuncă

INGREDIENTE

- 3 căni de porumb întreg congelat, decongelat
- 1 și 1/2 cană de șuncă slabă tocată
- 1/2 cana ceapa tocata marunt
- 1/4 cană ceapă verde tocată
- 1/2 cană piper verde sau ardei roșu tocat sau un amestec
- 1 conserve (10 3/4 uncii) de supă cremă condensată de ciuperci
- 1/8 lingurita piper negru macinat
- 3/4 cană brânză Cheddar rasă

PREGĂTIREA

1. Pulverizați căptușeala crockpot cu spray de gătit sau frecați ușor cu ulei. Într-o oală, combinați porumbul, șunca, ceapa și ceapa verde, ardeiul verde, supa de ciuperci și ardeiul. Se amestecă brânza cheddar. Acoperiți și gătiți la LOW timp de 4 1/2 până la 6 ore.
2. 4 până la 6 porții.

Scoici de porumb, șuncă și cartofi

INGREDIENTE

- 6 cani de cartofi copti decojiti, taiati cubulete de 1 inch
- 1 1/2 cani sunca fiarta tocata, carne de vita sau alte resturi de carne sau pasare
- 1 până la 1 1/2 căni de porumb întreg, conservat sau congelat dezghețat
- 1/4 cana ardei verde tocat marunt
- 1/4 cana ceapa tocata marunt
- 1 conserve (10 3/4 uncii) de supă de brânză cheddar condensată
- 1/2 cană de lapte
- 2 linguri de făină universală

PREGĂTIREA

1. Într-un aragaz lent, combinați cartofii tăiați, șunca, porumbul, ardeiul gras și ceapa; se amestecă pentru a se amesteca bine.
2. Într-un castron mic, combinați supa, laptele și făina; se amestecă până la omogenizare. Turnați amestecul de supă peste amestecul de legume; se amestecă bine pentru a se amesteca.
3. Acoperiți și gătiți la LOW timp de 7-9 ore sau până când cartofii sunt fragezi.

Cotlete de porc umplute cu porumb

INGREDIENTE

- 6 cotlete groase de porc, de 1 până la 2 inci grosime
- 3/4 cana boabe de porumb decongelate sau congelate, scurse
- 1 cană pesmet moale
- 1 lingurita ceapa, tocata
- 2 linguri de ardei verde, tocat
- 1 lingurita de sare
- 1/2 linguriță de frunze de salvie zdrobite uscate

PREGĂTIREA

1. Cu un cuțit ascuțit, faceți o tăietură orizontală în lateralul fiecărei cotlete care va forma un buzunar pentru umplutură. Se amestecă grâu integral, pesmet, ceapa, piper, sare și salvie. Turnați amestecul de porumb în fante. Asigurați cu scobitori sau frigarui mici. Așezați pe un suport metalic sau pe un suport de crockpot. Sau, mototolește folia de aluminiu pentru a face un grătar improviz. Acoperiți și gătiți la LOW timp de 6-8 ore, până când carnea de porc este fragedă.
2. Pentru 4-6 portii.

Carne de porc de tara cu ciuperci

INGREDIENTE

- 2 kilograme de coaste scurte în stil rustic, dezosate

- 1 conserva supa de ciuperci

- 4 uncii ciuperci feliate

- 1/4 lingurita sare

- 1 plic de sos mixt de ciuperci

- 1/8 lingurita piper

- 1/2 lingurita boia dulce

- 2 linguri de apă rece amestecată cu 1 lingură grămadă de făină pentru toate scopurile

PREGĂTIREA

1. Combinați costitele dezosate, supa, ciupercile, sarea, piperul, sosul și boia de ardei într-o cratiță. Acoperiți și gătiți la LOW timp de 7-9 ore. Amestecați amestecul de făină în bulion și gătiți la foc mare încă 15 minute sau până se îngroașă. Serviți coastele în stil fermier cu piure de cartofi și porumb.
2. Rețete de coaste pentru fermier 6.

Coaste în stil țărănesc și varză murată

INGREDIENTE

- 1 plic de varză murată, clătită și îndepărtată
- 1 ceapă
- 1 mar cu coaja rosie
- Coaste de porc în stil rustic de 2 până la 3 lbs
-
1 pahar de bere

PREGĂTIREA

1. Așezați varza murată în partea de jos a oală de gătit lentă/oala. Se adauga ceapa tocata si marul tocat. Nu este necesar să curățați mărul. Se amestecă și se nivelează. Peste amestecul de varză murată, puneți coastele de țară. Se toarnă berea peste tot. Acoperiți și gătiți la foc mic timp de 8 până la 10 ore.
2. 4 până la 6 porții.

Carne de porc de tara cu ciuperci

INGREDIENTE

- 2 kilograme de coaste scurte în stil rustic, dezosate

- 1 conserva supa de ciuperci

- 4 uncii ciuperci feliate

- 1/4 lingurita sare

- 1 plic de sos mixt de ciuperci

- 1/8 lingurita piper

- 1/2 lingurita boia dulce

- 2 linguri de apă rece amestecată cu 1 lingură grămadă de făină pentru toate scopurile

PREGĂTIREA

1. Combinați costitele dezosate, supa, ciupercile, sarea, piperul, sosul şi boia de ardei într-o cratiță. Acoperiți şi gătiți la LOW timp de 7-9 ore. Amestecați amestecul de făină în bulion şi gătiți la foc mare încă 15 minute sau până se îngroaşă. Serviți coastele în stil fermier cu piure de cartofi şi porumb.
2. Reţete de coaste pentru fermier 6.

Coaste de porc cu mere și merisoare

INGREDIENTE

- 2 căni de afine (8 oz)
- 1/3 cană sirop de artar
- 1/3 cană zahăr brun la pachet
- 1/2 cană de apă
- 1 măr Granny Smith, tăiat cubulețe, aproximativ 1 cană
- 1 lingurita de mustar de Dijon
- 1/4 lingurita zahar brun
- 1/4 lingurita buzdugan sau nucsoara
- 3 până la 4 kilograme de coastă scurtă dezosată în stil rustic
- O pungă (16 uncii) de ceapă albă mică congelată sau ceapă mare tocată
- 1 lingura de amidon de porumb amestecat cu 1 sau 2 linguri de apa rece, optional•

PREGĂTIREA

1. Într-o cratiță, combinați merisoarele, siropul, zahărul brun, apa și merele; lasa sa fiarba. Reduceți focul la mediu-mic și

fierbeți timp de 5 minute. Se amestecă muștar, scorțișoară și măciucă sau nucșoară.
2. Aranjați cepele în partea de jos a inserției de 5 până la 7 litri de vase de gătit lent. Peste ceapa se pun coastele de porc, apoi se stropesc uniform sosul de afine peste tot. Acoperiți și gătiți la LOW timp de 7-9 ore, până când carnea de porc este fragedă.
3. Serve de la 6 la 8.

Friptură de porc Cran-Mere

INGREDIENTE

- 1 muschi de porc dezosat (3-4 lbs).
- 2 catei de usturoi, tocati
- 1 cutie întreagă de sos de afine
- 1/4 cană zahăr brun
- 1/2 cană suc de mere
- 2 mere, fără miez, decojite și tocate grosier
- Sare si piper dupa gust

PREGĂTIREA

1. Pune friptura într-un aragaz lent; frecați peste tot cu usturoi tocat. Adăugați celelalte ingrediente și gătiți la foc mic timp de 7-9 ore. Carnea de porc ar trebui să fie în jur de 160° când este complet gătită. Serviți cu orez.
2. 4 până la 6 porții.

Friptură de porc afine

INGREDIENTE

-
- 1 friptură de porc rulată dezosată
- 1 conserve (16 oz) de gelatină sau sos de afine cu fructe de pădure întregi
- 1/2 cană zahăr granulat
- 1/4 cană suc de afine
- 1 lingurita mustar uscat
- 1/4 lingurita cuisoare macinate
- 2 linguri amidon de porumb
- 2 linguri de apă rece
- sare

PREGĂTIREA

1. Pune friptura de porc în aragazul lent. Într-un castron mediu, piurează sosul de afine; amestecați zahărul, sucul de afine, muștarul și cuișoarele. Se toarnă peste friptură. Acoperiți oala și gătiți la foc mic timp de 6 până la 8 ore sau până când friptura de porc este gata. Carnea de porc ar trebui să înregistreze 155 până la 160 ° când este gătită. Scoateți friptura de porc și păstrați-l la cald.
2. Grăsime degresată din suc; măsurați 2 căni - adăugați apă dacă este necesar - și turnați într-o cratiță.
3. Se aduce la fierbere la foc mediu mare.
4. Amesteca amidonul de porumb si apa rece pana se omogenizeaza; se amestecă în sos. Continuați să gătiți, amestecând, până se îngroașă. Se condimentează cu sare și se servește cu friptură de porc feliată.

Această carne de porc este delicioasă cu orez sau servită cu umplutură condimentată și cartofi.

Sunca cremoasa si broccoli

INGREDIENTE

- 1/2 cană. ceapa maruntita
- 3 cani de sunca taiata cubulete sau folositi cubulete de pui fiert sau curcan
- 16 oz. Broccoli tăiat congelat, dezghețat
- 1 cutie de supa crema condensata de ciuperci
- 1 borcan (8 oz.) cremă de brânză pasteurizată
- 1 conserve (8 oz) castane de apă tocate, scurse
- 1 cană. orez negătit transformat
- 1/2 cană de apă
- 1/2 cană de lapte
- 1/2 cană. telina tocata
- 1/2 linguriță. Piper
- boia de ardei (optional)

PREGĂTIREA

1. Într-un aragaz lent, combinați șunca, broccoli, supa, cremă de brânză, castane de apă, orez, lapte, țelină, ceapă și - ardei. Se amestecă până se omogenizează. Nivelați suprafața, împingând orezul în amestec. Acoperiți și gătiți la foc mare timp de 2 până la 2 1/2 ore sau la foc mic timp de 4 până la 5 ore sau până când orezul și ceapa sunt fragede, amestecând din când în când, dacă este posibil. Verificați spre sfârșitul gătirii pentru a vă asigura că orezul nu este prea fiert.

Cremoasă de porc

INGREDIENTE

- 1/2 cană ceapă tocată
- 3 catei de usturoi, tocati sau 3/4 lingurita pudra de usturoi
- 2 mere Granny Smith, decojite, fără miez și feliate
- 2 lingurite de zahar
- 1/2 lingurita frunza de salvie uscata si zdrobita
- 1/4 lingurita nucsoara macinata
- 1/8 lingurita piper
- 2 până la 3 lb. mușchi de porc dezosat, tăiat și tăiat în cuburi de 1 inch
- 1/4 cană făină universală
- 1/2 cană vin alb sec
- 1 lingura plus 2 lingurite de amidon de porumb
- 1/3 cana smantana pentru frisca
-

Sarat la gust

PREGĂTIREA

1. Într-un aragaz lent combinați ceapa tocată, usturoiul, mărul, zahărul, salvie și ardeiul. Făină cuburile de porc și adaugă-le în aragazul lent. Se toarnă vinul. Acoperiți și gătiți la LOW timp de 7-9 ore. Într-un castron mic, amestecați amidonul de porumb și smântâna pentru frișcă. Puneți aragazul lent la MARE și turnați amestecul de carne de porc; gătiți timp de 15 până la 20 de minute mai mult. Asezonați după gust cu sare. Serviți cu prăjituri de porumb sau pâine de porumb.

Muschiu cremos de porc cu legume

INGREDIENTE

- 1 1/2 până la 2 lbs de muschi de porc
- 1 varză mică, tocată grosier
- 1 ceapa medie, tocata
- 1 plic de condimente stroganoff
- 1 plic sos de ciuperci
- 1 conserva crema de telina
- 1/4 cană de apă
- 1 lingurita de seminte de chimen
- piper după gust
- 1 sau 2 căni de fasole verde congelată
- 1/3 cană jumătate și jumătate

PREGĂTIREA

1. Tăiați carnea de porc în cuburi de 1 inch; puneți-l într-un cuptor lent de 3 1/2 litri sau mai mare. Adăugați ceapa și varza. Combinați amestecul de stroganoff, sosul, supa, apa, semințele de chimen și piperul; se toarnă peste amestecul de carne de porc și se amestecă. Acoperiți și gătiți la foc mic 7-9 ore. Cu aproximativ 30 de minute înainte de servire, creşte până la mare și adaugă fasolea verde congelată. Adăugați jumătate și jumătate chiar înainte de servire. Delicios pe tagliatelle sau servit cu biscuiti.
2. Porți 6.

Cruste cremoase cu sunca afumata si branza

INGREDIENTE

- 12 oz șuncă feliată
- 1 conserva crema de telina
- 8 uncii de brânză Gouda afumată
- piper negru după gust
- 1 cana de legume congelate, broccoli tocat sau amestecat
- 3 căni de scoici fierte sau macaroane
- 1/4 cană lapte evaporat degresat

PREGĂTIREA

1. Într-o oală de 3 1/2 litri până la 5 litri, combinați șunca, supa, brânza și ardeiul. Acoperiți și gătiți la foc mic timp de 4 până la 5 ore. Adăugați legumele congelate cu 30 de minute înainte de servire. Adăugați lapte pentru a se dilua; adăugați pastele fierbinți fierte și serviți.
2. Reteta de cruste cremoase cu sunca si branza pentru 4 persoane.

Pui Creole Cu Cârnați

INGREDIENTE

- 1 1/2 kilograme pulpe de pui dezosate, tăiate în bucăți
- 12 uncii de cârnați andouille afumat, tăiați în lungimi de 1 până la 2 inci
- 1 cană ceapă tocată
- 3/4 cană supă de pui sau apă
- 1 conserve (14,5 oz) de roșii tăiate cubulețe
- 1 conserve (6 oz) pastă de tomate
- 2 lingurite condimente cajun sau creole
- un praf de piper cayenne, dupa gust
- 1 ardei verde, tocat
- Sare si piper dupa gust
- orez brun sau alb fiert sau spaghete fierte

PREGĂTIREA

1. Într-un aragaz lent, combinați bucățile de pulpe de pui, bucățile de cârnați andouille, ceapa tocată, bulionul sau apă,

roșiile (cu sucul lor), pasta de roșii, condimentele creole și ardeiul cayenne.
2. Acoperiți și gătiți amestecul de pui și cârnați la LOW timp de 6-7 ore. Adăugați ardeiul verde tocat cu aproximativ o oră înainte de a găti vasul. Întoarceți și adăugați sare și piper, dacă este necesar.
3. Servește acest preparat savuros de pui și cârnați peste orez fiert sau servește-l cu spaghete sau paste cu păr de înger.
4. Porții 6.

Şuncă de ceramică

INGREDIENTE

- 1 şuncă complet fiartă, aproximativ 5-7 kilograme (pe sau fără os, crupă sau jumătate de os)
- cuişoare întregi
- 1/2 cană jeleu de coacăze
- 1 lingura otet
- 1/2 lingurita mustar uscat
- 1/2 lingurita zahar brun macinat

PREGĂTIREA

1. Asezati un gratar sau trivet metalic (sau "grila") folie de aluminiu zdrobita in oala si asezati sunca deasupra. Acoperiţi şi lăsaţi să fiarbă la foc mic timp de 5 până la 6 ore. Scoateţi şunca şi turnaţi zeama; îndepărtaţi pielea şi grăsimea. Tăiaţi şunca şi calul cu cuişoare întregi. Într-o cratiţă, dizolvaţi gelatina cu oţetul, muştarul şi scorţişoara. Scoateţi grătarul sau suportul. Întoarceţi şunca în oală şi turnaţi sosul peste şunca feliată. Acoperiţi şi gătiţi la putere maximă timp de 20-30 de minute, ungând din când în când cu sosul.
2. Tăiaţi şi serviţi şunca caldă sau rece.

Carnitas într-o oală de vase

INGREDIENTE

- Friptură de umăr de porc 2 până la 4 lbs
- 4 catei de usturoi, curatati de coaja, fiecare catel taiat in 4 bucati
- 1 ardei jalapeño proaspăt
- 1 legătură de coriandru proaspăt
- 1 cutie de bere (12 oz)
- Tortilla de porumb

PREGĂTIREA

1. Cu un cuțit, faceți niște mici fante în friptură. Introduceți bucăți de căței de usturoi în friptură; se pune intr-o oala de pamant cu ardeiul intreg si jumatate de manunchi de coriandru tocat. Asezonați după gust. Turnați berea. Gătiți la foc mare 4 până la 6 ore până când furculița se înmoaie (LOW 9 până la 11 ore). Scoateți carnea; sfasiat Serviți cu chipsuri tortilla calde, cu garniturile la alegere. Garnituri sugerate: roșii tocate, ceapă, măsline coapte tocate, salată verde tocată, smântână, brânză, salsa, guacamole și coriandru.

Coaste scurte sau coaste crock

INGREDIENTE

- 6 sau 8 cotlete de porc sau coaste de porc tăiate aproape să umple aragazul lent

- .

- Sos

- 1/4 cană ceapă tocată

- 1/2 cana telina tocata

- 1 cană de ketchup

- 1/2 cană de apă

- 1/4 cană suc de lămâie

- 2 linguri. zahar brun

- 2 linguri. sos Worcestershire

- 2 linguri. oţet

- 1 lingura. muştar

- 1/2 linguriţă. sare

-

1/4 lingurita. Piper

PREGĂTIREA

1. Dacă folosiți coaste de rezervă, fierbeți-le sau prăjiți-le timp de aproximativ 30 de minute pentru a îndepărta o parte din excesul de grăsime. Scurgeți și puneți într-o oală.
2. Se amestecă ingredientele pentru sos și se toarnă peste coaste sau cotlete. Se coace 8-10 ore, pana se inmoaie. Se serveste cu orez sau cartofi fierti fierti.
3. Porți 6.

Crockpot Cola Ham

INGREDIENTE

- 1/2 cană zahăr brun

- 1 lingurita mustar uscat

- 1/4 cană cola (Coca Cola, Dr. Pepper etc.)

- Şuncă prefiartă 3 până la 4 lbs

PREGĂTIREA

1. Combinați zahărul brun şi muştarul. Udați cu adeziv suficient pentru a obține o pastă netedă. Rezervă restul de cola. Se încorporează şunca cu tăieturi superficiale în formă de romb. Frecați şunca cu amestecul de pastă. Puneți şunca în oala de gătit lentă/crock şi adăugați coca-ul rămas. Acoperiți şi gătiți la maxim 1 oră, apoi la mic şi gătiți timp de 6 până la 7 ore.
2. Se serveşte de la 9 la 12.
3. O şuncă de 5 lb poate fi gătită într-un aragaz lent mai mare.
4. Gatiti 1 ora la maxim, apoi 8-10 ore la mic.

Cotlete de porc glorificate într-o oală

INGREDIENTE

- 6 cotlete de porc (iese la aproximativ 1,5 lbs, dar puteți face mai mult sau mai puțin pentru nevoile dvs.)
- 1 ceapa medie tocata (1/2 cana)
- 1 conserve (10-3/4 oz.) Supă cremă condensată de țelină
- 1/4 C. apă
- piper, după gust
- amestec uscat de umplutură conservat,

PREGĂTIREA

1. Puneți coastele într-o oală. Acoperiți cu ceapă tocată, supă condensată (direct din cutie) și 1/4 cană apă. Adăugați piper după gust. Acoperiți și gătiți toată ziua (7 până la 8 ore) la LOW sau 1/2 zi (3 până la 4 ore) la HIGH într-o oală. De asemenea, puteți adăuga peste coaste un pachet de umplutură uscată din conserve (cu un pachet de ierburi), apoi ceapa, supa și apă.
2. Coaste incredibil de umede și fragede.

Şuncă prăjită

INGREDIENTE

- 1 şuncă mică

- suc de mere pentru a acoperi

- 1 cană de zahăr brun

- 2 lingurite pudră de muştar

- 1 lingurita. cuişoare

- 2 cani de stafide

PREGĂTIREA

1. Gatiti sunca in sucuri 8-10 ore la foc mic. Înainte de servire, întoarceți cuptorul la 375 de grade. Faceți o pastă din zahăr, muştar, cuişoare şi aproximativ 1 lingură de suc fierbinte. Se întinde peste şuncă. Asezam sunca pe o tava si turnam sucul fierbinte si stafidele intr-un pahar umplut cu ea. Coaceți 30 de minute sau până când aluatul se transformă într-o glazură.

Sunca Crockpot Și Cartofi

INGREDIENTE

- 6 până la 8 felii de şuncă, feliate sau din şuncă rămasă, de aproximativ 1/8 inch grosime
- 8-10 cartofi medii, decojiti si taiati felii subtiri
- 1 ceapa medie, curatata de coaja si taiata felii subtiri
- sare si piper
- 1 1/2 cani de branza Cheddar rasa
- 2 conserve de crema condensata de telina sau crema de ciuperci
- paprika

PREGĂTIREA

1. Puneți jumătate din şuncă, cartofi şi ceapă într-un Crock Pot. Se presară sare şi piper, apoi 1 cană de brânză mărunțită. Adaugati sunca ramasa, cartofii si ceapa si turnati peste supa nediluata. Se presară cu 1/2 cană de brânză rămasă şi boia de ardei.
2. Acoperiți şi gătiți la foc mic timp de 8 ore sau la maxim timp de 4 ore.

sunca tetrazzini crockpot

INGREDIENTE

- 1 cutie (10 3/4 uncii) de supă cremă condensată de țelină
- 1/2 cană lapte evaporat
- 1/2 cană parmezan ras
- 1 1/2 cani sunca fiarta tocata
- 8 uncii ciuperci feliate, sotate în puțin unt
- 1/4 cană vin alb sec
- 1 pachet spaghete (5 oz)
- 2 linguri de unt, topit
- Branza parmezan

PREGĂTIREA

1. Combinați toate ingredientele, cu excepția spaghetelor și a untului, într-un aragaz lent; amesteca bine. Acoperiți și gătiți la foc mic timp de 6-8 ore.
2. Chiar înainte de servire, gătiți spaghetele conform instrucțiunilor de pe ambalaj; se scurge si se amesteca cu unt. Amestecați amestecul de șuncă în aragazul lent. Se presară cu mai mult parmezan ras chiar înainte de servire.
3. Porti 4.

Pui cu miere si ghimbir

INGREDIENTE

- 3 kg de piept de pui fără piele
- 1 1/4 inch rădăcină de ghimbir proaspătă, decojită și tocată mărunt
- 2 catei de usturoi, tocati
- 1/2 cană sos de soia
- 1/2 cană miere
- 3 linguri sherry uscat
- 2 linguri de amidon de porumb amestecat cu 2 linguri de apa

PREGĂTIREA

1. Combinați ghimbirul, usturoiul, sosul de soia, mierea și sherry într-un castron mic. Înmuiați bucățile de pui în sos; puneți bucățile de pui într-un aragaz lent; toarnă sosul rămas peste tot. Acoperiți și gătiți la LOW timp de aproximativ 6 ore.

2. Scoateți puiul dintr-un vas fierbinte de servire și turnați lichidele într-o tigaie sau tigaie. Aduceți la fierbere și continuați să fiarbă timp de 3 până la 4 minute pentru a reduce puțin. Bateți amidonul de porumb în amestecul de salsa.

3. Gatiti la foc mic pana se ingroasa. Se toarnă puțin din sos peste pui și restul se face piure.

4. Serviți puiul cu orez fierbinte.

Pui la gratar cu miere si cartofi dulci

INGREDIENTE

- 3 căni de cartofi dulci decojiți și tăiați cubulețe, aproximativ 2 cartofi dulci medii spre mari

- 1 cutie (8 oz) bucăți de ananas în suc, nescurcate

- 1/2 cană supă de pui

- 1/4 cana ceapa tocata marunt

- 1/2 lingurita ghimbir macinat

- 1/3 cana sos gratar, preferatul tau

- 2 linguri de miere

- 1/2 lingurita mustar uscat

- 4 până la 6 sferturi pulpe de pui (coapse cu pulpe, fără piele

PREGĂTIREA

1. Într-un aragaz lent de 3 1/2 până la 5 litri, combinați cartofii dulci, ananas cu suc, supa de pui, ceapa tocată și ghimbirul măcinat; se amestecă pentru a se amesteca bine. Într-un castron mic, combinați sosul de grătar, mierea și muștarul uscat; se amestecă pentru a se amesteca bine. Ungeți generos puiul pe toate părțile cu sosul grătar. Aranjați puiul îmbrăcat într-un singur strat deasupra amestecului de cartofi dulci și ananas, suprapunându-se dacă este necesar. Turnați restul amestecului de sos grătar peste pui.

2. Acoperire; se lasa sa fiarba 7 pana la 9 ore sau pana cand puiul este fraged si sucurile curg limpede si cartofii dulci sunt fragezi.

3. Serve 4 până la 6.

Pui Hoisin cu miere

INGREDIENTE

- 2 până la 3 lb părți de pui (sau pui întreg, măruntit)
- 2 linguri de sos de soia
- 2 linguri sos hoisin
- 2 linguri de miere
- 2 linguri de vin alb sec
- 1 lingura de radacina de ghimbir ras sau 1 lingurita de ghimbir macinat
- 1/8 lingurita piper negru macinat
- 2 linguri amidon de porumb
- 2 linguri de apă

PREGĂTIREA

1. Se spală puiul și se usucă; puneți pe fundul aragazului lent.

2. Combinați sosul de soia, sosul hoisin, mierea, vinul, ghimbirul și piperul. Se toarnă sosul peste pui.

3. Acoperiți și gătiți la foc mic timp de aproximativ 5 1/2-8 ore, sau până când puiul este fraged și sucurile curg limpede.

4. Amestecați amidonul de porumb și apă.

5. Scoateți puiul din slow cooker; se rastoarna si se adauga amestecul de amidon de porumb-apa.

6. Continuați să gătiți până se îngroașă și adăugați puiul în aragazul lent pentru a se încălzi.

Pui italian

INGREDIENTE

- 4 piepti de pui, dezosati, taiati bucati mici
- 1 - 16 oz. conserva de rosii, tocate
- 1 ardei verde dulce mare, taiat cubulete
- 1 ceapa mica de gatit, taiata cubulete
- 1 baton mediu de telina, tocat
- 1 morcov mediu, decojit și tăiat cubulețe
- 1 frunză de dafin
- 1 lingurita oregano uscat
- 1 lingurita busuioc uscat
- 1/2 lingurita de cimbru uscat, optional
- 2 catei de usturoi, tocati; SAU 2 lingurite. praf de usturoi
- 1/2 lingurita de sare
- 1/2 lingurita fulgi de ardei rosu, sau dupa gust
- 1/2 cană parmezan ras sau brânză romano

PREGĂTIREA

1. Combinați toate ingredientele, cu excepția brânzei ras, în slow cooker.

2. Acoperiți și gătiți la foc mic timp de 6-8 ore. Scoateți frunza de dafin și stropiți cu brânză rasă înainte de servire.

3. Bun pe orez sau paste

www.ingramcontent.com/pod-product-compliance
Lightning Source LLC
Chambersburg PA
CBHW050151130526
44591CB00033B/1257